文旅融合视阈下图书馆发展研究

张 兴 著

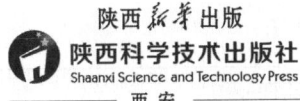

图书在版编目(CIP)数据

文旅融合视阈下图书馆发展研究 / 张兴著. —西安：
陕西科学技术出版社，2023.6
ISBN 978-7-5369-8715-9

Ⅰ．①文… Ⅱ．①张… Ⅲ．①图书馆发展 Ⅳ．①G250.1
中国国家版本图书馆 CIP 数据核字(2023)第 091914 号

文旅融合视阈下图书馆发展研究
WENLÜ RONGHE SHIYU XIA TUSHUGUAN FAZHAN YANJIU
张　兴　著

责任编辑	张　戬
封面设计	曾　珂

出版者	陕西科学技术出版社 西安市曲江新区登高路 1388 号陕西新华出版传媒产业大厦 B 座 电话(029)81205187　传真(029)81205155　邮编 710061 http://www.snstp.com
发行者	陕西科学技术出版社 电话(029)81205180　81206809
印刷者	西安金圣印务有限公司
规　格	787mm×1092mm　16 开本
印　张	11.25
字　数	216 千字
版　次	2023 年 6 月第 1 版 2023 年 6 月第 1 次印刷
书　号	ISBN 978-7-5369-8715-9
定　价	60.00 元

版权所有　翻印必究

前言
PREFACE

2018年3月13日,《关于国务院机构改革方案的说明》中将文化部、国家旅游局的职责整合,组建文化和旅游部,作为国务院组成部门,同年4月8日,文化和旅游部正式挂牌,宣告了"诗与远方"正式走到了一起,象征着文化和旅游融合发展已上升到国家战略层面,文化和旅游的融合迎来了一个新的时代。2022年8月颁布的《"十四五"文化发展规划》提出,"坚持以文塑旅、以旅彰文,推动文化和旅游在更广范围、更深层次、更高水平上融合发展",要求推动博物馆、美术馆、图书馆、剧院、非遗展示场所、对社会开放的文物保护单位等成为旅游目的地。党的二十大报告进一步对推动文化和旅游深度融合发展提出了新要求,强调要"坚持把社会效益放在首位、社会效益和经济效益相统一"。新时代文旅融合由文化和旅游的产业融合向公共服务融合拓展与深化。图书馆作为公共文化服务的重要主体,文旅融合服务创新研究俨然成为学界讨论的热点议题,图书馆助力文旅融合发展也成为业界探索和实践的重要方向。

多年以来,旅游业的快速发展离不开文化的供养,文化和旅游长期处于自发融合状态,文化供养旅游为地区提供旅游吸引力,旅游吸引游客前来继而推动文化传播,旅游和文化有着密不可分的关系。《"十四五"文化和旅游发展规划》提出,到2025年,文化事业、文化产业和旅游业高质量发展的体制机制更加完善,文化铸魂、文化赋能和旅游为民、旅游带动作用全面突显。党的二十大报告指出:"坚持以文塑旅、以旅彰文,推进文化和旅游深度融合发展。"这句话,深刻揭示了文旅融合的重要意义。当前,我国旅游业处在转型期,提升旅游业品质,根本上说是用高质量的文化来塑造高质量的旅游,旨归就是以文塑旅、以旅彰文。所以说,以旅彰文的过程,也是旅游业提升品位和品质的过程。高品质的文化塑造高品质的旅游,高品质的旅游彰显高品质的文化,高品质的融合推动着文旅高质量发展。可以说,文旅融合既是文化也是旅游发展的必由之路。

图书馆是公共文化服务机构,传承"读万卷书"的服务功能、拓展"行万里路"的相关业务是文旅融合中图书馆应有的责任担当。因此,"十四五"期间摆在各级各类图书馆面前的重要任务是:以服务创新引入"融合"范式,以"读万卷书"的服务优势,带动"行万里路"服务在广度和深度方面的积极拓展。也就是说,文旅融合向图书馆行业延伸是我国"十四五"时期推动图书馆服务高质量发展的重要进路,是完善现代公共文化服务体系的重要一环。那么"十四五"时期如何守正创新,推进实践,积极主动打破传统界限,拓展全新的服务链,完成与旅游业的深度融合,无疑是图书馆亟需解决的重要问题。

基于此,本研究通过梳理国内外图书馆领域关于文旅融合服务的有关文献,力争全面厘清当前的研究现状,包括图书馆文旅融合的意义、文旅融合背景下的图书馆驱动力、文旅融合背景下的图书馆发展路径、图书馆文旅融合服务模式及图书馆文旅融合服务效果评价等等。文旅融合的发展是内、外部力量驱动共同作用的结果,不仅包括公共文化服务体系的内在要求、图书馆的使命、旅游产业转型升级,还包括政策保障、制度条件、新兴技术等多元的支持,多种因素相互作用、相互影响,共同驱使图书馆助力文旅融合不断纵深发展。

本书是笔者主持完成的陕西省教育厅 2020 年度一般专项科学研究计划项目"新时代陕西图书馆文旅融合服务模式及策略研究"（项目编号:20JK0199），以及主持在研的 2021 年度陕西省图书馆学会 A 类课题"数字赋能陕西图书馆文旅融合发展研究"（课题编号:211045）的研究成果之一，相关成果已分别在《图书馆工作与研究》（中文核心）、《图书馆学研究》（CSSCI 收录）、《河北科技图苑》等刊物发表。后期笔者将持续关注和积极跟进，竭尽全力在该领域深耕探索，以期得到更高级别项目支持资助，形成更高水平的研究成果。

本书得以完成，要感谢西北大学公共管理学院杨九龙教授和上海大学任瑞娟教授的指导与帮助；感谢陕西科学技术出版社李珑副总编的支持。在本书的编写过程中参考了许多相关著作、学术论文和网站信息等文献内容，吸取了国内外许多专家学者的研究成果和智慧，引用了许多宝贵的文献资料，在此向所有参考文献的作者表示诚挚的谢意！并对引用了却未列出的作者表示真诚的歉意，并请予以谅解。

由于水平有限，书中疏漏、不足之处在所难免，敬请同行、专家和广大作者批评指正。

张 兴

2022 年 12 月

目 录
CONTENTS

第一章　绪论 ··· 1
第一节　研究背景 ··· 1
一、图书馆助力文旅融合发展是响应国家战略要求的使然举措 ··· 1
二、图书馆助力文旅融合是新时代图书馆转型发展的必然途径 ··· 2
三、图书馆助力文旅融合发展是新时代公众文化需要的必然诉求 ··· 4

第二节　研究价值 ··· 5
一、理论价值 ··· 5
二、实践价值 ··· 6

第三节　主要研究方法 ··· 6
一、文献研究法 ··· 6
二、调查研究法 ··· 6
三、归纳总结法 ··· 7
四、比对分析法 ··· 7
五、跨学科研究法 ··· 7

第四节　研究内容 ··· 7
一、研究的总体框架 ··· 7
二、研究的主要内容 ··· 8

第五节 研究的创新点 …… 10
一、研究视角创新 …… 10
二、研究思路创新 …… 10
三、研究内容创新 …… 10

第二章 文旅融合概述 …… 11

第一节 文旅融合的时代意义 …… 11
一、增强与提升旅游目的地公众的获得感 …… 11
二、加速文旅价值分享和消费,促进文化"双创"发展 …… 12
三、文旅融合为社会主义文化大发展大繁荣提供新的活力 …… 12

第二节 文化和旅游的关系 …… 13
一、国家政策视角 …… 14
二、文化场域视角 …… 19
三、区域发展视角 …… 20

第三节 文旅融合的内涵 …… 21
一、文旅融合是一种互动的要素资源的整合 …… 22
二、文旅融合是一种互补的产业价值创新 …… 22
三、文旅融合是一种规律的时空演化过程 …… 23
四、文旅融合是一种认同的动态优化过程 …… 23

第三章 图书馆文旅融合的内涵、基本逻辑与时代意义 …… 24

第一节 图书馆文旅融合的内涵 …… 25
一、图书馆与旅游的文化同源属性 …… 25
二、以图书馆资源优化为基础,实现文旅要素流动 …… 26
三、以新业态的培育嵌入为手段,开展图书馆场景式文旅服务 …… 27
四、以多元需求为导向,实现图书馆文旅融合价值的最大化 …… 27

第二节 图书馆文旅融合的基本逻辑 …… 28
一、以用户为中心的人本逻辑 …… 28
二、以服务为中心的治理逻辑 …… 28

三、以"内容"为中心的增值逻辑 …………………………………… 29
　　四、以效能为中心的评价逻辑 …………………………………… 30
　第三节　图书馆文旅融合服务的时代意义 …………………………… 30
　　一、坚守图书馆文化服务领地的有效方略 ……………………… 31
　　二、满足游客日益增长的文化需求的现实需要 ………………… 31
　　三、驱动图书馆与旅游业共同发展的使命任务 ………………… 32

第四章　图书馆文旅融合发展的支撑理论 ……………………………… 33
　第一节　自组织理论及其在图书馆文旅融合中的应用 ……………… 33
　　一、自组织理论的涵义 …………………………………………… 33
　　二、自组织理论在图书馆文旅融合服务中的应用 ……………… 36
　第二节　共生理论及其在图书馆文旅融合中的应用 ………………… 38
　　一、共生理论的涵义 ……………………………………………… 38
　　二、共生理论在图书馆文旅融合中的应用 ……………………… 41
　第三节　治理理论及其在图书馆文旅融合中的应用 ………………… 44
　　一、治理理论的涵义 ……………………………………………… 44
　　二、治理理论在图书馆文旅融合中的应用 ……………………… 46
　第四节　赋能理论及其在图书馆文旅融合中的应用 ………………… 47
　　一、赋能理论的涵义 ……………………………………………… 47
　　二、赋能理论在图书馆文旅融合中的应用 ……………………… 49

第五章　图书馆文旅融合服务实践模式研究 …………………………… 51
　第一节　"场所＋"模式 ………………………………………………… 51
　　一、基本释义 ……………………………………………………… 51
　　二、"场所＋"模式的实践案例 …………………………………… 53
　　三、"场所＋"模式的优缺点 ……………………………………… 57
　第二节　"功能＋"模式 ………………………………………………… 58
　　一、基本释义 ……………………………………………………… 58
　　二、"功能＋"模式的实践案例 …………………………………… 59

三、"功能+"模式的优缺点 …………………………………………… 65

第三节 "+X"模式 …………………………………………………… 67

一、基本释义 ………………………………………………………… 67

二、"+X"模式的实践案例 ………………………………………… 67

三、"+X"模式的优缺点 …………………………………………… 72

第六章 图书馆文旅融合发展的路径选择 …………………………… 74

第一节 基于内容生产的图书馆文旅融合发展路径 ………………… 75

一、挖掘特色文化，构建图书馆文旅资源新体系 ………………… 75

二、建设主题图书馆，开展多样化文旅服务 ……………………… 78

三、设计文创产品，牵引图书馆文旅服务新时尚 ………………… 82

第二节 基于价值向导的图书馆文旅融合发展路径 ………………… 87

一、塑造文化品牌，打造图书馆文旅融合服务新高地 …………… 87

二、加大文化营销，提升图书馆文旅融合社会影响力 …………… 92

三、强化质量管理，提升图书馆文旅融合服务品质 ……………… 95

第三节 基于多元赋能的图书馆文旅融合发展路径 ………………… 97

一、升级图书馆数字化建设，增添图书馆文旅融合发展新动能 ……… 97

二、走向跨界融合，掀起图书馆文旅融合发展新热潮 …………… 101

三、建立多元包容，打造图书馆文旅融合发展新机制 …………… 103

第七章 图书馆文旅融合服务的发展对策 …………………………… 109

第一节 立足供给层面 ………………………………………………… 110

一、以理念思维革新为向导，推动图书馆文旅融合纵深发展 …… 110

二、以制度设计为引领，提升图书馆文旅融合的改革力度 ……… 114

三、以馆员队伍建设为抓手，鼓足图书馆文旅融合的发展动力 …… 118

四、以图书馆新基建建设为契机，夯实图书馆文旅融合发展基础 …… 121

第二节 聚焦需求层面 ………………………………………………… 125

一、布局和构建虚实相结合的游客文旅需求矩阵 ………………… 125

二、加强游客需求细节研究，构建游客群体画像 ………………… 126

三、拓展与延伸图书馆文旅融合服务内容 …………………………… 127
　第三节　瞄向治理层面 …………………………………………………… 129
　　一、构建图书馆文旅融合多元参与的发展机制 …………………… 129
　　二、建立图书馆文旅融合的法人治理机制 ………………………… 132
　　三、创建图书馆文旅融合的区域联动机制 ………………………… 134

第八章　图书馆文旅融合服务效果评价研究 ……………………………… 136
　第一节　图书馆文旅融合服务效果评价的原则与目的 ………………… 136
　　一、评价原则 ………………………………………………………… 136
　　二、评价目的 ………………………………………………………… 138
　第二节　图书馆文旅融合服务效果评价的理论、模型与方法 ………… 139
　　一、服务效果评价的相关理论 ……………………………………… 139
　　二、服务效果评价的模型 …………………………………………… 141
　　三、服务效果评价的主要方法 ……………………………………… 146
　第三节　图书馆文旅融合服务效果评价的主、客体和程序 …………… 148
　　一、图书馆文旅融合服务效果评价的主、客体 …………………… 148
　　二、图书馆文旅融合服务效果评价的程序 ………………………… 149
　第四节　图书馆文旅融合服务效果评价的指标体系 …………………… 149
　　一、图书馆文旅融合服务效果评价指标的构建思路 ……………… 149
　　二、图书馆文旅融合服务效果评价指标 …………………………… 150

第九章　结语 …………………………………………………………………… 152
　第一节　研究结论 ………………………………………………………… 152
　第二节　研究的不足与展望 ……………………………………………… 153

参考文献 ……………………………………………………………………… 155

第一章 绪 论

文旅融合是现代文化产业与旅游产业彼此协调、相互促进的一种发展模式。在该模式中,文化是核心要素和发展基础,旅游则是文化价值的实现载体和展现形式。在文化与旅游产业融合发展实践中,图书馆发挥文化服务职能,实现文化与旅游的科学有机融合,在提升文化传播效能的基础上推动文化、旅游协同发展和文旅融合创新发展。

文化和旅游部的成立激发图书馆界开展文旅融合的热议,许多学者纷纷献言献策,结合图书馆自身的馆舍环境、馆藏资源、人力资源等,以丰富新颖的活动形式,把旅游、文化传播和阅读推广等职能有效结合起来,积极探索未来图书馆工作新的发展路向。伴随图书馆文旅融合实践的深化,相关研究主题受到业界学者的普遍关注,研究成果颇丰。笔者以文旅融合背景下图书馆的服务创新发展为研究对象,对图书馆文旅融合研究成果进行全面系统的分析,明确其发展路径、发展对策和效果评价等议题,以期为图书馆文旅融合发展的研究与实践提供科学依据和有益参考。

第一节 研究背景

一、图书馆助力文旅融合发展是响应国家战略要求的使然举措

2017年1月,中共中央办公厅、国务院办公厅在《关于实施中华优秀传统文化传承发展工程的意见》中,提出要把优秀传统文化融入生产生活,大力发展文化旅游,推动休闲生活与传统文化融合发展。

2018年,中共中央印发的《深化党和国家机构改革方案》明确指出"整合文

化部、国家旅游局的职责，组建文化和旅游部，作为国务院组成部门"。同年3月，被形象地誉为"诗和远方"相结合的国家文化和旅游部的成立，标志着文化事业、文化产业和旅游业进入全面融合发展的新阶段。时任文化和旅游部部长雒树刚在会议上强调要求各地文化和旅游局坚持"宜融则融、能融尽融"的工作原则，着力稳步推进理念融合、职能融合、产业融合、市场融合、服务融合等融合工作。

2019年10月31日，中国共产党第十九届中央委员会第四次全体会议表决通过《中共中央关于坚持和完善中国特色社会主义制度 推进国家治理体系和治理能力现代化若干重大问题的决定》，明确提出"完善文化和旅游融合发展体制机制"，首次将文化和旅游融合发展纳入国家制度体系建设的战略高度来进行定位和统筹谋划。

2019年以来连续多年的国务院政府工作报告中均提到了"推动文化事业和文化产业改革发展""支持文化、旅游等生活服务业恢复生产""发展文化、旅游等服务消费"等内容，国家层面的机构改革、报告发布、政策出台等一系列举动标志着我国文旅融合发展已经拉开了盛大帷幕，推动文化与旅游的双向前行，协同发展文化服务和旅游服务。

党中央的上述英明决断，回应了文化和旅游融合发展的时代课题，同时也充分说明国家对实现文化和旅游业的深度融合给予了空前重视，这在一定程度上体现出了我国的文化自信，同时也是为了能够更好地将文化与旅游两方面的资源有效结合在一起，这样两者均能在这一时代环境下得到更为优越的发展。

无疑，在国家战略要求背景下，图书馆文旅融合服务作为文化和旅游融合体系中的重要组成部分，并随之肩负着新时代义不容辞的使命任务。并且图书馆在旅游中的作用也被逐渐重视，图书馆要想实现高质量发展，自然也需要在发展过程中深入理解文旅融合的必要性与时代意义，结合图书馆本馆实际情况来进行实践与开展形式多样的文旅融合服务，这样才能更好地促进图书馆对接国家战略需求，服务国家文化建设。

二、图书馆助力文旅融合是新时代图书馆转型发展的必然途径

2017年11月通过的《中华人民共和国公共图书馆法》指出，公共图书馆作为传播先进公共文化的主体，应主动营造文旅融合发展新环境，并向社会提供文旅创新服务。2018年3月国务院办公厅印发的《关于促进全域旅游发展的

指导意见》再次强调,图书馆、美术馆等文化场所应充分利用本馆的场地空间,与旅游业合作,积极开展文化体验旅游服务。

2019年10月中国共产党第十九届中央委员会第四次全体会议通过《中共中央关于坚持和完善中国特色社会主义制度、推进国家治理体系和治理能力现代化若干重大问题的决定》(以下简称《决定》),《决定》明确提出健全引导新型文化业态健康发展机制,完善文化和旅游融合发展体制机制。

2021年文化和旅游部发布《"十四五"公共文化服务体系建设规划》,针对文化和旅游系统内公共文化资源"孤岛"现象,明确提出推动公共图书馆、文化馆、博物馆、美术馆等的联合发展。同时,坚持"宜融则融、能融尽融"的原则和"真融合、深融合"的要求,强调继续抓好文化和旅游公共服务机构功能融合试点工作。

2022年1月国务院印发的《"十四五"旅游业发展规划》指出,在国际疫情得到有效控制的前提下分步有序促进入境旅游、稳步发展出境旅游,着力推动文化和旅游深度融合,着力完善现代旅游业体系,加快旅游强国建设,努力实现旅游业更高质量、更有效率、更加公平、更可持续、更为安全地发展。

图书馆是面向社会公民提供服务的公共事业,其5大基本职能为:保存人类文化遗产、传递科学情报、开展社会教育、开发智力资源以及提供文化娱乐。其中,作为文化储存和传播机构,其建立和运行宗旨是为社会广泛大众提供知识信息服务,其使命是保存和传播人类历史文明中的优秀文化,同时图书馆具有丰富广泛的知识文化信息以及专业素养高的人才队伍,说明了图书馆不仅有义务和责任参与文旅融合,促进文化在旅游业发展过程中繁荣传播,同时也要通过提供资源、创新活动、开展阅读推广活动等模式参与到文旅融合进程中,促进文旅产业和事业的共同发展。

图书馆是联系"读万卷书"和"行万里路"之间最好的桥梁,其馆藏资源数量丰富,而且资源的质量和特色也颇具代表性。从古典古籍到现代著作,从天文地理到人文百科,包罗万象,应有尽有。而游客通过徜徉在图书馆的知识海洋里尽情汲取文化知识养分,既可以了解到旅游目的地的风土人情、习俗民俗等反映当地特色的文化,放松自己的身心,增长知识,提高理性认识和审美情趣,还能够达到体验生活、开阔视野的效果。另外,图书馆重视并深入开展全民阅读活动,手段形式丰富多彩,内容途径充实多样,尤其是主题沙龙、研学、展览和讲座等常见的教育活动、文化体验活动日益丰富,为游客提供了更为多元的休闲娱乐参观体验活动,吸引更多的游客爱上图书馆。

综上,图书馆助力文旅融合发展无疑是图书馆转型发展的新机遇,尤其文化和旅游部组建以来,文旅产业和事业大发展形势明朗,加之相继出台的一系列文旅业利好政策,持续推动文旅深度融合发展,进而促使图书馆在文旅融合的进程中大有作为。毋庸置疑,在文旅融合的背景下,图书馆作为一支不可或缺的重要组成力量,使命责任重大,机会契机无限,理应创新服务举措,促进自身转型发展。

三、图书馆助力文旅融合发展是新时代公众文化需要的必然诉求

文化和旅游融合发展这一重要思想的确立,标志着以满足人民对美好生活需求为导向的文旅发展思路逐渐凸显,以高速、高质、高效目标促进文化建设和旅游发展服务升级迫在眉睫。当前,我国社会的主要矛盾已经发生变化,公众的精神需求愈加强烈,高质量发展成为国家建设的主旋律。在国内旅游市场兴盛发展,个性化、异质性旅游特征不断显现的同时,旅游形式已从传统观光式旅游转变为体验式、沉浸式旅游,公众精神需求旺盛,也就是说某种程度上,以文化作为旅游灵魂的文旅融合成为提升旅游品质和满足公众文化需求不可缺失的重要手段。

公众精神需求强劲一方面体现在旅游业快速发展上。国家文化和旅游部历年发布的文化和旅游发展统计公报显示,2017年国内旅游人次达到50.01亿人次,旅游总收入为5.40万亿元;2018年国内旅游人次为55.39亿人次,总收入为5.97万亿元;2019年人次为60.06亿人次,总收入为6.63万亿元。显而易见,近年来旅游业整体上处于稳步上升趋势,且在我国经济发展中日益彰显重要地位。2020年上半年,受新冠疫情影响,旅游人次大幅减少,旅游收入随之缩减,但下半年疫情受到控制和改善,旅游业逐步复兴。根据国家文化和旅游部国内旅游抽样调查结果,2020年度国内旅游人数为28.79亿人次,其中4个季度分别为2.95亿、6.37亿、10.01亿、9.46亿人次,不难看出,旅游人数呈现急速下降后缓慢上升的趋势,国内旅游收入总计达到2.23万亿元,即使在疫情影响的背景下,旅游业整体收入在国民经济收入中仍占据一席之地。

此外,中国人民大学2019年1月12日发布的"中国省市文化产业发展指数(2018)"和"中国文化消费指数(2018)"显示,我国文化消费综合指数继续走高,文化消费环境和满意度指数逐年上升,彰显人们对于高品质精神食粮的渴求。中国旅游研究院数据显示,2018年国庆期间超过90%的游客参加了文化活动,前往博物馆、图书馆的游客高达40%以上,37.8%的游客在文化体验地停留时间为2~5天。

另一方面体现在呈现个性化和品质化需求特征方面。公众的精神文化需求随着"体验经济"的渐进发展日益多层次化和多样化,越来越多旅行者热衷于有文化附加价值的旅游项目。在当代旅游中,人们更多地从购物场所走向文博等公共文化场馆,越来越注重文化场景的体验,越来越追求个性化、深度化、特色化的品质旅游,这种变化其实是旅游消费者根本诉求层面上的一种提升,为图书馆文旅融合奠定了坚实基础。

当前我国图书馆,尤其是公共图书馆覆盖全社会的公共文化服务体系建设进程与中国当代旅游业的井喷式发展增长,图书馆正在积极推进的"全域服务"与旅游行业正在努力践行的"全域旅游"形成了历史性交汇。故此,图书馆文旅融合发展研究,既促进文化资源保护利用与旅游发展相结合,又统筹推进文化、旅游和图书馆服务,推动多业态的融合发展,无疑是新时期文旅融合战略的新要求,也是最大化满足人民精神文化需求的必然要义。

第二节 研究价值

自文化和旅游部成立之后,文旅融合这一命题开始引起图书馆界的关注和重视,也说明图书馆在文旅融合发展的机遇中,将面临自身建设和联合发展的机遇和挑战。新时代要高质量推动文化与旅游融合发展,必然要求图书馆行业与旅游业实现更大范围、更深层次、更高水平的融合,与此同时对图书馆文旅融合的发展研究也将凸显更为重要的价值。

一、理论价值

一方面,进一步拓展图书馆文旅融合理论研究的广度和深度,本选题及其相关研究对象的有益研究能够丰富图书馆文旅融合理论与方法,对于构建特色的图书馆文旅融合研究体系,促进理论研究与业界实践充分结合,推动图书馆文旅融合纵深研究起到积极作用。

另一方面,引鉴多维研究视角,拓展了图书馆文旅融合的研究视野,为图书馆文旅融合的发展提供了多元的理论支撑。此外多种研究方法的运用,为图书馆文旅融合研究提供了新的方式,为探究图书馆文旅融合提供了新的研究工具,为该领域的学术创新提供了机遇。

二、实践价值

实践层面,一方面,在推进文旅融合的发展进程中,可以拓展图书馆的社会职能,提升图书馆的服务质量和品质,能够充分发挥图书馆的文化资源功能与价值,实现先进文化的高效传播和共享。也就是说图书馆在参与地方旅游业的实践进程中,既拓展了图书馆的服务功能,又丰富了旅游业的文化内涵,有助于实现文化产业与文化事业的共同发展和双赢目标。

另一方面,进一步满足了公众的文化需求,不断增强了公众的文化自信。当前,文旅融合已上升至国家实现"十四五"规划目标和2035年远景目标的重要战略,其过程是文化和旅游之间多种资源要素双向流动的过程。图书馆助力文旅融合承担着保护、开发地方文化职能,能够创新性地促进图书馆的利用,此举既通过丰富游客旅游体验、资源整合、优化供给等探索来满足公众的精神需求,还能促使文旅创意产品的文化承载力、展现力和传播力,助于更多元化、更亲民地展示特色文化,让更多公众不断增强文化自信。

第三节 主要研究方法

一、文献研究法

通过查阅中国知网、万方数据库以及 Elsevier 等中、外文数据库等电子文献资源,系统整理和收集关于国内外图书馆文旅融合服务方面的文献资源,在对大量文献筛选、阅读、梳理和分析的基础上,全面总结图书馆文旅融合的国内外研究与发展现状,探究已有文献的学术贡献和分析已有研究的不足之处,不断为本书的撰写提供丰富的基础素材供给,夯实本研究的基础。

二、调查研究法

有目的、有计划、有组织地通过网络等方式开展调查研究,观察、调研和归纳分析图书馆文旅融合的相关发展案例,掌握国内外图书馆文旅融合服务实践的主要做法和相关经验等情况,总结规律、特点及模式,分析问题产生的背后原因,力争透过问题或现象看本质,提出图书馆文旅融合的发展对策等有益研究结论。

三、归纳总结法

梳理已有研究中涉及的图书馆文旅融合的相关问题和共性议题,界定新时代下图书馆文旅融合的内涵、基本逻辑和融合实践模式等研究主题,归纳总结图书馆文旅融合的实践模式、发展路径和发展对策等研究问题。

四、比对分析法

借鉴已有图书馆文旅融合的实践案例和成功经验,提出图书馆文旅融合的具体措施与发展新模式,经过梳理国内外图书馆文旅融合服务的创新实践,从"场所+""功能+"和"+X"3方面分析了我国图书馆文旅融合的服务路径,比对分析其优缺点,以期得出改善性的有益启示。

五、跨学科研究法

图书馆文旅融合服务创新发展研究是涉及多学科、多理论的交叉性研究。合理运用图书馆学、旅游学以及文化学等学科的理论、方法和成果,通过方法交叉、理论借鉴、问题拉动等跨学科综合研究方法的有效运用探讨旅游、旅游产业、文化、文化产业等相关议题的一系列的课题研究内容,力促通过不同学科的理论知识为图书馆文旅融合服务创新发展提供新的视角和思路。

第四节 研究内容

一、研究的总体框架

本研究按照"提出问题—设计研究框架—寻求支撑理论—确定研究目标—选定研究对象—解决问题"的研究思路展开,并以图书馆文旅融合服务高质量发展为落脚点,从不同维度提出图书馆文旅融合服务的效果评价体系,以期达到图书馆文旅融合服务持续发展的有益镜鉴和尝试。总体框架如图1-1所示。

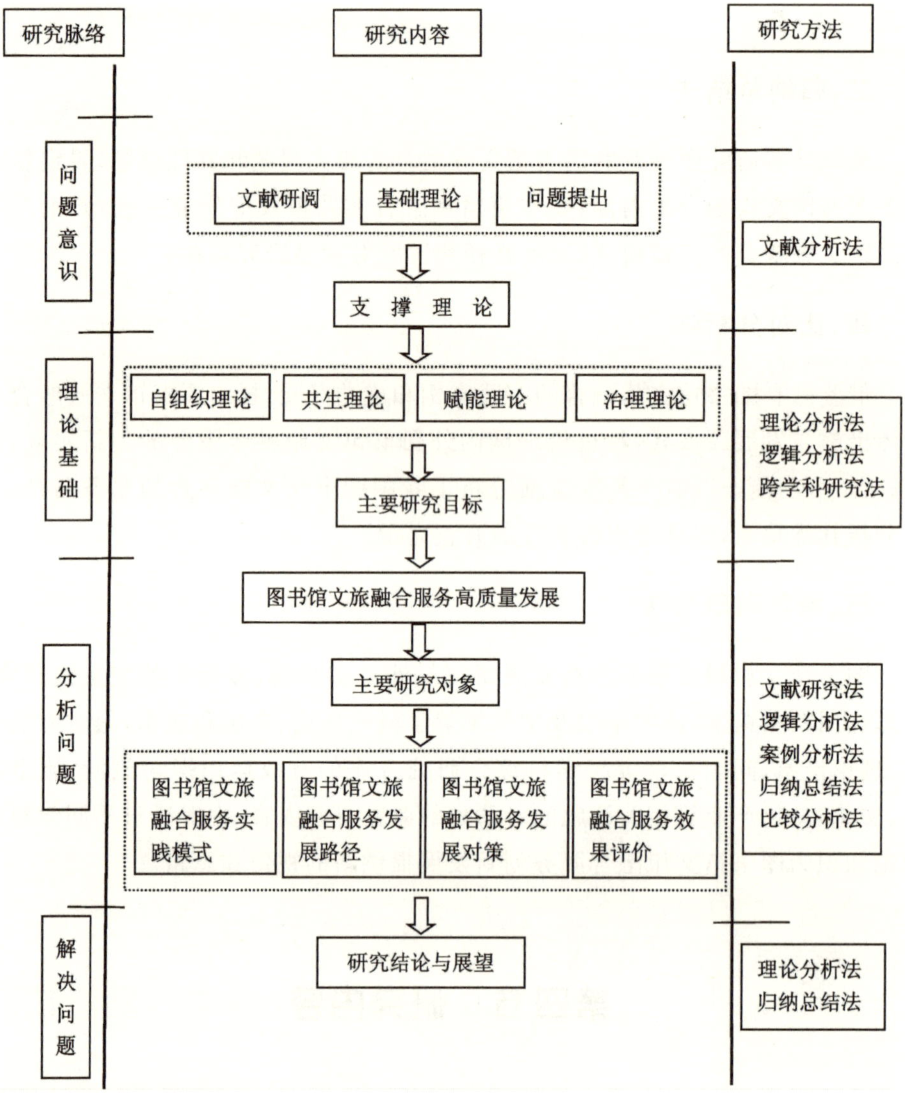

图 1-1 研究总体框架

二、研究的主要内容

研究内容主要包括以下 5 个方面：

(1) 第一、二、三章作为本书的基础部分,概述了本书的研究价值、研究方法和创新点以及对文旅融合、图书馆文旅融合等基本概念进行了阐释。根据已有研究成果和已有文献基础,梳理归纳该主题的相关研究现状与问题,厘清文旅融合关系、文旅融合内涵、图书馆文旅融合内涵等基本概念,探寻本课题的基础理论,为课题的深入研究奠定坚实基础。

(2)第四章阐释了图书馆文旅融合的支撑理论。该章节引入了自组织理论、共生理论、治理理论和赋能理论等,诸多理论可作为图书馆文旅融合服务的支撑理论,提供图书馆文旅融合的理论解释力。

(3)第五、六、七章作为本研究的主要内容,如图1-2所示。第五章论述了图书馆文旅融合服务的实践模式,提出"场所+""功能+"和"X+"3种融合模式;第六章论述了图书馆文旅融合服务的发展路径,该章节提出内容生产是基础、价值导向是核心、多元赋能是关键的"三位一体"发展路径;第七章论述了图书馆文旅融合服务的发展对策,从供给、需求和治理3个层面论述了图书馆文旅融合服务的发展对策。

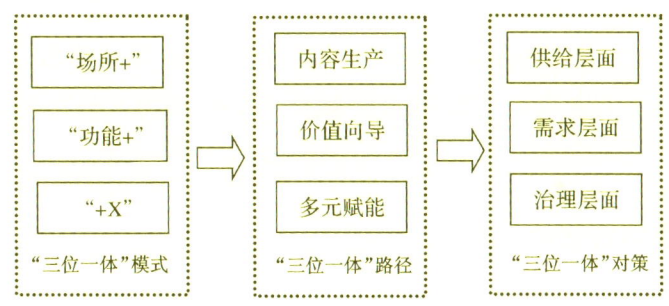

图1-2　图书馆文旅融合服务模式、路径和对策的研究思路图

(4)图书馆文旅融合服务效果评价研究,也就是本书的第八章,该章节主要论述了图书馆文旅融合的原则、理论模型和指标体系等内容。服务创新和服务设施的升级是图书馆文旅融合服务高质量发展的重要基础,其中效果评价能够为图书馆文旅融合服务内容创新和服务设施升级提供重要依据。因此,势必需要考量图书馆文旅融合服务质量和效益,本研究基于此构建相关评价指标体系,以期对图书馆文旅融合服务持续发展提供一定的促进作用。

(5)第九章作为本书最后一章,对本研究进行了总结,指出研究存在的不足,有助于下一步深入展开研究。

文旅融合视阈下图书馆发展研究

第五节 研究的创新点

一、研究视角创新

本研究积极主动契合国家战略发展需求,结合新时代文旅融合新内涵,以"图书馆+""旅游+"的大文化视野,研究图书馆与旅游业共同发展的路径和对策等问题,始终以促进文化旅游业发展和图书馆影响力提升为落脚点的双赢目标,并基于对图书馆与旅游发展过程中"双向"文化分析,在代表性图书馆文旅融合案例介绍的基础上,系统总结了图书馆文旅融合的实践模式,并进行比对分析和归纳,拓展更多可能的研究内容和有益启示。

二、研究思路创新

本研究遵循"三模式、三路径、三对策"的研究思路和框架展开论述,按照模式、路径和对策三者之间存在一定的逻辑的对应关系,渐次推进,逐章论述,并且章节间形成互促递进的关系,由表及里展开研究,并力求研究逻辑严谨,体系结构严密。

三、研究内容创新

本研究在对"文旅融合"理念及其相关基本概念梳理的基础上,厘清图书馆文旅融合的基本内涵和内在逻辑,研究提出的图书馆文旅融合的实践模式,尤其是"+X"模式可视为较长时间内图书馆文旅融合实践模式的"方向",具有一定的理论前瞻性。另外,该研究注重关注图书馆文旅融合"新公众""新环境"与"新业态",促使图书馆特色文化和区域及旅游产业多向、深入的融合互动,按照"路径—对策—评价"的全流程维度系统全面论述了图书馆文旅融合的相关问题,对图书馆文旅融合等方面的已有研究的深化和丰富起到一定的积极作用。

第二章 文旅融合概述

文旅融合是新时代我国践行中国特色社会主义思想的新目标和新使命,其核心在于解决文化旅游"两张皮"的问题,推动文化和旅游的深度融合和高质量发展。总体来看,文旅融合发展现阶段存在着重视产业发展,轻视事业发展;重视经济增速,轻视服务发展等问题。文旅部门的融合虽解决了因体制问题融合难的情况,但由于长期的机构设置和部门归属问题,2个行政部门合并之后的工作开展仍需磨合,应尽可能避免出现机械、生硬、简单化的现象。在未来实现文化和旅游的深度融合的过程中,要不断摸索实践,找准两者之间的最佳结合点,促使文化和旅游的发展做到"你中有我,我中有你"。

本章节主要阐述了文旅融合的时代价值、文化和旅游的关系及文旅融合内涵,梳理文旅融合的基本概念,以期对深入理解图书馆文旅融合的模式、路径和对策等提供启发性的有益参考。

第一节 文旅融合的时代意义

一、增强与提升旅游目的地公众的获得感

文旅融合具有强大的经济力量:一方面,文旅融合发展将进一步激发消费潜力,培育新的消费增长点,从而刺激消费;另一方面,文旅融合发展会带动新兴产业的发展,扩大有效投资,激发投资活力。强大的经济力量能够满足人民群众的幸福生活,通过多方面作用促进人民安居乐业,切实增强人民群众的获得感。

具体而言,文旅融合发展能够为旅游目的地创造就业岗位、引入投资,以及为当地经济注入新的活力。尤其对于经济发展项目有限的乡村等,文旅融合发

展显得至关重要。当地群众可以通过掌握旅游吸引物的所有权,经营特产店、民宿、餐饮店,提供本地导游服务,参加旅游文化演出等途径直接参与文化旅游活动,也可以通过制作手工艺品、民间艺术品和纪念品出售给旅游者来间接参与文化旅游活动。

近年来,乡村休闲游成为文旅融合发展的一个热点。越来越多的旅游者渴望暂时脱离日常的生活,在自然之美和文化之美交相辉映的乡村中放松疲惫的身心,缓解精神压力,享受一种惬意的慢生活。这也为拥有自然淳朴、多种文化元素以及特色生活体验等的原生态乡村引来致富活水。

二、加速文旅价值分享和消费,促进文化"双创"发展

文旅融合从实质上促进了人类不断在同他人和世界的交往中丰富自我、表达自我和发展自我的内在文化需求。在自媒体时代,文化旅游者更热衷于在体验文化价值的同时分享文化价值,这也使得文旅融合所要实现的文化高效能传播成为可能。特别是崛起的短视频平台,以流动化和碎片化的形式对各地历史风物与地域印象进行更形象直观的表达,为区域、地域文化提供了视听多维符号的综合运用的展现形式,融汇成个性清晰、文化形象鲜明的文化记忆场。诸如,微博、微信,还有以抖音、快手为代表的短视频平台,以感性、迅捷和广泛的信息交流和共享促成不同个体间的密切链接,成为人们日常交往的新时尚。

文旅融合进程中深入推进"创意进景区""创意体验活动""创意下乡"等"产品"样态,坚持文旅融合发展,以文塑旅、以旅彰文,以创意设计提升旅游商品价值,促进文化创意产品或活动消费。故此通过鼓励各级各类图书馆开展文化创意产品设计和开发,有利于推动中华优秀传统文化的"双创"发展,即创造性转化、创新性发展。

三、文旅融合为社会主义文化大发展大繁荣提供新的活力

优秀文化资源是我国旅游发展的核心与灵魂,文旅融合发展对弘扬中华民族优秀文化具有重要价值。革命文化与旅游融合发展,有助于弘扬中国革命文化,为革命文化发展提供新的活力。当前,我国以红色文化为主题的旅游产业正在不断发展,井冈山、西柏坡、延安等旅游地的游客逐渐增多。通过大型实景演出及革命后代、专业化导游和志愿者讲述革命故事等方式,使红色文化遗产更加生动活泼地展现在群众面前,潜移默化地帮助游客更好地认识和传承红色

基因和优良革命传统,实现更大文化及经济效益,提升中华文化、中国精神的影响力与传播力。

社会主义先进文化与旅游融合发展,有助于发展和传播社会主义先进文化,为社会主义先进文化的发展提供新的活力。旅游作为促进社会主义先进文化传播的重要载体及方式,对促进社会主义先进文化的传播具有独特意义。在文化旅游的过程中,通过观看、参与各类文化创意活动,游览文化圣地,可以加深游客对社会主义核心价值观的认知和学习,引导游客树立崇高的理想信念,发展社会主义先进文化。

也就是说,旅游作为文化进一步传播的有效载体,坚持以社会主义核心价值观为引领,保护传承弘扬中华优秀传统文化、革命文化和社会主义先进文化,深入挖掘文化资源的精神内涵,是实现文化高品质传播的必然要求,对进一步弘扬革命文化、不断发展社会主义先进文化、实现社会主义文化大发展大繁荣具有重要意义。

第二节 文化和旅游的关系

1966年,联合国教科文组织(UNESCO)发表了《Cultural Tourism: the Unexploited Treasure of Economic Development》一文,标志着文化旅游开始被关注。自从20世纪70年代美国学者麦金托什(Mcintosh)和格波特(Gehert)在《旅游学—要素·实践·基本理论》一书中首次提出"旅游文化"的概念以来,学界就开始展开了文化和旅游关系的思考和讨论。

国内关于文化和旅游的关系的认识最早由经济学家于光远提出,他认为"旅游本身就是一种文化生活",并且指出"旅游业是带有很强文化性的经济事业,也是带有很强经济性的文化事业"。而后,多位学者探讨了文化和旅游的相互影响和相互作用关系。进入20世纪90年代,随着实践和研究层面对旅游功能与价值认识的深化,文化和旅游的关系得到多角度讨论。

然而相当长的时期内,"融合"并非文化和旅游关系讨论的主基调。文化和旅游之间是"合作伙伴"还是"竞争对手",因为对保护有益的未必对旅游有益,对旅游有益的却极少是对保护有益的,也就是说,文化和旅游的关系是互促还是互斥的争论在20世纪90年代中期以来的20年间从未停息,直至2018年在文化和旅游机构重组背景下确立文化和旅游融合发展战略时,文化和旅游的相互关系再次成为广泛讨论的议题。

正因为文化和旅游各自的复杂性,使得文化资源优势与旅游竞争力之间并不是简单的正相关。Pine和Gilmore指出,目前已进入体验经济时代,文化/遗产旅游、生态旅游、探险旅游、主题公园及购物旅游成为新的旅游方式。旅游者不再满足于大众旅游,而是希望能有值得回忆的经历,不断提高个人的"文化资本"。从体验经济角度看,文化与旅游之间需要实现"文化的旅游化"和"旅游的文化化"两种转变,这种转变是通过文化资源的商品化,由具体的文化/遗产地点、作品等物理性资本通过文化旅游体验转化为旅游者个体内在的文化资本,即由"具体文化资本"向"内含文化资本"转移,这种转变实质是消费者需求引导下的生产和生活方式的转变。

不难看出,文化和旅游的关系可谓是众说纷纭,仁者见仁,智者见智。笔者对已有研究成果梳理后,主要从国家政策视角、场域视角和区域发展视角等方面阐述了文化和旅游的关系。

一、国家政策视角

该视角主要包括2个方面:

(1)历年国家旅游政策中关于文化的内容。改革开放后最早的10多年,我国旅游发展处于起步阶段,国家旅游政策的重点是改善旅游接待条件,发展入境接待,为国家赚取外汇。因此当时多数文件是一事一议,没有直接涉及文化和旅游的关系问题。20世纪90年代到21世纪初,我国旅游业进入快速发展阶段,国家旅游政策的重点转向经济功能的全面释放,与此同时,文化和旅游的关系也开始得到关注。近10年来,中共中央办公厅、国务院办公厅、中央精神文明建设指导委员会等出台的一些文件也涉及了旅游和文化的关系,而且我国旅游发展更加注重发挥综合功能,国家旅游政策中关于文化的内容比以往明显增多,深度和广度也有很大拓展。

(2)历年国家文化政策中关于旅游的内容。早期的国家文化政策很少提及旅游,到了21世纪,有个别文件提到了"旅游"的字样,但没有展开。真正较多提及旅游是在最近几年,也就是在旅游成为人们日常生活的重要组成部分之后,尤其是文化和旅游部组建之后,国家和部门政策明显体现出文化和旅游统筹发展、融合发展的导向,文化与旅游结合发展频频进入政策议程,并嵌入文化与旅游产业发展、体制改革等领域,文旅机构改革与政策创新的关注度增加。

从政策层面可以看出,文化旅游日趋融合。国家政策视角下的文旅融合关系一方面体现了政府层面制定合理的文旅融合发展规划,为文旅融合发展提供政策支持;另一方面,制定和完善相关政策,扶持与文旅相融相生的事业,充分发挥政府宏观调控作用,打造布局合理的旅游产业发展格局。

从文化和旅游部独立出台以及联合出台的政策文件可以明显看出文化和旅游在产业培育和产业发展各个方面融合发展的趋势,"宜融则融、能融尽融、以文促旅、以旅彰文"正逐一得以体现,也就是说,在政策层面,促进文化和旅游真融合、深融合已然成为文旅部门的重点任务和施策管理的重心,被赋予了文化和旅游领域改革创新的使命。

表2-1 近十年国家文化/旅游中关于旅游/文化的内容摘录

类型	时间	文件名称	内容概要
国家旅游政策中关于文化的内容	1993年	国务院办公厅转发原国家旅游局的文件《关于积极发展国内旅游业的意见》	首次明确将旅游业和文化事业联系在一起,提及旅游业对满足人们物质文化需求、带动文化事业发展、促进经济文化交流的重要作用
	2001年	国务院出台的《关于进一步加快旅游业发展的通知》	提出把发展旅游与加强社会主义精神文明建设紧密结合起来,并就增加旅游产品的文化科技内涵,突出地方特色和民族特色,以及处理好文化遗产保护和旅游开发利用关系等做了规定,初步搭建了文化和旅游关系的政策框架
	2004年	中共中央办公厅、国务院办公厅印发的《2004—2010年全国红色旅游发展规划纲要》	首次在国家层面倡导发展红色旅游
	2009年	原文化部、原国家旅游局出台的《关于促进文化与旅游结合发展的指导意见》	明确提出"文化是旅游的灵魂,旅游是文化的重要载体",要求"加强文化和旅游的深度结合"
		国务院出台的《关于加快发展旅游业的意见》	从开发理念、旅游经营服务、文化旅游产品、文体旅游活动、国家旅游形象等多个方面专门就丰富旅游文化内涵做出了规定,多处提到利用文化资源发展旅游,将文化作为旅游产业融合发展的首要领域

表 2-1(续)

类型	时间	文件名称	内容概要
国家旅游政策中关于文化的内容	2011年	中共中央办公厅、国务院办公厅联合印发的《2011—2015年全国红色旅游发展规划纲要》	对红色旅游发展做出部署
	2014年	《国务院关于促进旅游业改革发展的若干意见》	该文件提出要更加注重文化传承创新,专门就创新文化旅游产品、积极开展研学旅行等进行了阐述,还在大力发展乡村旅游、扩大旅游购物消费、加强市场诚信建设等方面提到文化旅游开发和旅游文化建设相关内容
	2016年	国务院印发的《"十三五"旅游业发展规划》和《2016—2020年全国红色旅游发展规划纲要》	首次由国务院印发的五年旅游业发展规划,有较多关于文化旅游发展和旅游文化建设的内容;并对红色旅游发展做了规划
	2018年	国务院办公厅出台的《国务院办公厅关于促进全域旅游发展的指导意见》	强调了旅游与文化的融合发展,并且将丰富文化内涵作为提升旅游产品品质的重要内容,提出了系列具体举措。
	2019年	国务院办公厅印发的《关于进一步激发文化和旅游消费潜力的意见》	推动景区降价、提质扩容,发展新型文化和旅游消费业态
	2020年	国务院办公厅先后发布的《关于促进全域旅游发展的指导意见》《关于进一步激发文化和旅游消费潜力的意见》《关于促进消费扩容提质加快形成强大国内市场的实施意见》等系列文件	旨要加快旅游供给侧结构性改革,推进文旅融合发展,推动文化和旅游强主体、提质量、拓深度、出实效
	2021年	文化和旅游部发布的"十四五"文化和旅游发展规划	为未来5年文化和旅游发展谋篇布局,坚持创新驱动融合发展

表 2-1(续)

类型	时间	文件名称	内容概要
国家文化政策中关于旅游的内容	2011年	《中共中央关于深化文化体制改革推动社会主义文化大发展大繁荣若干重大问题的决定》	提出"加强爱国主义教育基地建设,用好红色旅游资源,使之成为弘扬培育民族精神和时代精神的重要课堂""推动文化产业与旅游、体育、信息、物流、建筑等产业融合发展""积极发展文化旅游,促进非物质文化遗产保护传承与旅游相结合,发挥旅游对文化消费的促进作用"等
	2012年	国务院出台的《关于进一步做好旅游等开发建设活动中文物保护工作的意见》	虽然事关旅游开发建设,但落脚点是在文物保护
	2014年	国务院出台的《关于推进文化创意和设计服务与相关产业融合发展的若干意见》	提出7条重点任务,其中有一条为"提升旅游发展文化内涵",另外在"挖掘特色农业发展潜力"中还提到用文化创意和设计提升乡村旅游和休闲农业发展水平
	2016年	国务院出台的《关于进一步加强文物工作的指导意见》	要求建立文物、文化和旅游等部门和单位参加的行政执法联动机制,发挥文物资源在壮大旅游业中的重要作用,打造文物旅游品牌,培育以文物保护单位、博物馆为支撑的体验旅游、研学旅行和传统村落休闲旅游线路,设计生产较高文化品位的旅游纪念品等
		国务院办公厅转发原文化部等部门的《关于推动文化文物单位文化创意产品开发的若干意见》	多处提及文化和旅游的结合,尤其是提出"支持文化资源与创意设计、旅游等相关产业跨界融合,提升文化旅游产品和服务的设计水平,开发具有地域特色、民族风情、文化品位的旅游商品和纪念品"

表 2-1(续)

类型	时间	文件名称	内容概要
国家文化政策中关于旅游的内容	2017年	国务院办公厅转发原文化部等部门的《中国传统工艺振兴计划》	提到"依托乡村旅游创客示范基地和返乡下乡人员创业创新培训园区（基地），推动传统工艺品的生产、设计等和发展乡村旅游有机结合""推动传统工艺与旅游市场的结合""在非物质文化遗产、旅游等相关节会上设立传统工艺专区""将传统工艺展示、传习基础设施建设纳入'十三五'时期文化旅游提升工程"等
		中共中央办公厅、国务院办公厅印发的《国家"十三五"时期文化发展改革规划纲要》	提出"发展文化旅游，扩大休闲娱乐消费"，并部署开展红色旅游活动和文明旅游行动，建设国家文化公园和文化教育基地
	2019年	国务院办公厅印发的《关于进一步激发文化和旅游消费潜力的意见》	提出推出消费惠民措施、提高消费便捷程度、提升入境旅游环境、推进消费试点示范、着力丰富产品供给、推动旅游景区提质扩容、发展假日和夜间经济、促进产业融合发展、严格市场监管执法的9大任务，多维度刺激消费
	2020年	文化和旅游部发布的《关于推动数字文化产业高质量发展的意见》	指出数字文化产业的多重基本逻辑，加快文旅新型基础设施建设，对文化资源进行数字化转化和开发、区域一体化、产业协同化的格局中，强化文旅链各环节彼此协同能力等等
	2021年	文化和旅游部发布的《"十四五"文化产业发展规划》	强调以文化提升旅游的内涵品质，以旅游促进文化的传播消费，实现文化产业和文旅产业双向融合、相互促进

二、文化场域视角

首先,文化场域是文旅融合的空间载体。这就意味着,一旦旅游者进入旅游目的地文化场域中,并以一种区别于原有文化场域主体习惯的方式进行空间实践和权力置换,就开始了广义上和抽象的文化与旅游融合。我们不妨认为,这里的文旅融合其实是一种以旅游业为联结的空间生产与再生产过程,是当地政府、居民、旅游者、移民、旅游企业、学者、媒体等主体在目的地文化场域空间载体中进行的一种包含有形旅游商品的生产、无形旅游文化氛围环境的生产以及前述各主体间博弈权衡形成的较为稳定的社会关系的生产。当然,这一切都是在文化场域中实现的。

其次,旅游空间实践参与文化场域共创。文化场域不仅提供了文化与旅游融合的场所和空间,影响旅游空间实践在文化场域中的过程,而且旅游空间实践的发生也会反作用于文化场域,参与文化场域的共创过程,并实现对文化场域的重新建构。段义孚将地方感定义为地方本身所具有的特质(即地方性,是客观特征)及人们自身对地方的依附(即地方依恋,是主观认知)。文化场域也遵循这2方面的建构路径。在客观特征方面,旅游者偏好将成为文化场域(即地方本身)进行文化资本挖掘利用、文化场域意象塑造以及实际经营等空间实践潜移默化的准则,这一过程往往在场域构建早期就已发生。比如司马台长城脚下的古北水镇文化场域构建初期,就深受北方旅游者亲水偏好的影响,而后边关文化、北方传统民俗文化与水乡文化相互交织,最终形成了一座"北方乌镇"。在主观认知方面,旅游者进入文化场域后,旅游者的凝视和旅游经营者的展演之间的互动,成为主客信息传递的渠道,并相互表达认知情感。在此过程中符号性和表征性的文化通过仪式性和舞台性的叙事,形成特殊的旅游空间实践情境,"我者"与"他者"之间的互视、互判、互仿形成了塑造文化场域的另一个重要驱动力。

最后,场域管理实现文旅融合价值提升。经济收益是文化与旅游融合价值最显性的体现,但从文化和社会视角实现文旅融合价值提升也应当受到关注。文化场域是由多元主体按照特定惯习围绕资本展开叙事的社会空间系统,不妨提出场域管理之概念,即通过对场域中所涉及的关系、行为、价值等要素,以及分配、竞争、博弈等活动,进行引导、约束和设计,来实现文化与旅游融合的价值提升。首先,监督文化场域中各类资本整合过程,确保各方主体在文化资本、自

文旅融合视阈下图书馆发展研究

然资本、社会资本、经济资本投入上适配,在各利益相关者收益分配环节实现平衡,实现文旅融合经济价值提升。其次,正确处理文化场域中主体日常"结构"行为与旅游者"反结构"行为可能出现的文化冲突,并且探索一种调适模式,确保文化间进行舒适的对话,既有效输出旅游的文化软实力,又实现文化自净和学习。不仅如此,通过对文化场域中公平交易环境的构建以及开放包容心态的形成,来促进社会制度和社会行为模式的变革,以此实现文旅融合的文化价值和社会价值的提升。

三、区域发展视角

第一,文化距离是影响旅游动机的重要方面。文化要素的空间非均衡性,形成了区域间两个文化之间的异质性,这种异质性可以用文化距离加以度量。多样化的自然环境和文化传统形成了差异显著的文化区域,客源地和目的地之间的文化差异,即"旅游文化距离"成为激发旅游者动机、影响旅游者目的地选择的重要因素,并对旅游活动行为有显著影响,文化差异对旅游者行为影响的议题备受旅游学界关注。已有研究对文化距离与旅游动机的非线性关系进行了证实,并认为两者之间存在倒U形的曲线关系。因此,延后到U形曲线的拐点,至少在全国地域范围内,使文化距离增加带来的旅游动机减弱的效应后退,将十分有意义。

第二,旅游的流动性是文化互动变迁的重要渠道。文化一方面依赖于劳动人民在生产和生活中自己创造,另一方面人类的流动和迁徙则促进了文化的创新和融合。旅游活动不仅是经济活动,更是文化活动和社会活动。在过去,旅游之于文化互动变迁或许远没有大规模人类迁徙的宏大叙事来得壮观,也没有孔子周游列国来得浪漫。然而,在大众旅游时代,旅游的这种跨文化、大规模的交流作用显然有了新的意义。区域间流动的庞大旅游流促进了文化间的"血液循环",提供了旅游者自身文化和当地居民文化进行优劣比较和对话互动的机会,并将成为区域文化交流、模仿、融合的重要渠道。

第三,区域协作是文旅融合健康发展的重要途径。文化的地域性和差异性为旅游提供了多样化的演绎素材,塑造了节庆、非遗、演艺、康养、休闲等多元表现力的旅游形态。因此,从全国的区域范畴看,需要从国家层面谋划,划定文化旅游开发空间区划和功能分区。由于文化域分与行政区划在空间边界上往往并不一致,文旅融合健康发展必须依靠区域协调统一与广泛合作。从单一文化区的区域范畴看,需要推动文化旅游区域一体化建设,建立综合协调机制,整合区内文化旅游资源,避免恶性竞争开发,鼓励项目产品差异化发展。

通常来说,旅游是有市场缺乏内涵,文化是有内涵缺市场。文化和旅游不应有主次之分,而应在正确处理好两者关系的前提下,寻求两者的互补与整合。值得注意的是,文化和旅游不能机械地互补,也不能生硬地整合,两者是相伴相生、同兴同融、不可分割的。文化和旅游融合发展应最大限度地发挥两者的优势,补全劣势,充分利用文化的"灵魂"作用和旅游的"载体"作用,最终服务于人民日益增长的美好生活需要。

此外,文化和旅游部的组建引发新一轮关于文化和旅游关系的讨论,学者们从追求幸福、身份认同、人才培养以及综合视角关于文化和旅游的关系进行了热烈讨论。诸如徐金海从人本理念出发,以幸福为研究视角,从追寻人生幸福、体验文化幸福和实现社会幸福3个层面探讨文化和旅游的关系。即幸福是文化和旅游关系的应有之义,追寻人生幸福是文化和旅游关系的本源,体验文化幸福是文化和旅游关系的变迁,实现社会幸福是文化和旅游关系的归途。

综上所述,文化和旅游的关系源远流长,已有旅游研究主要强调文化的旅游资源属性,以及旅游对文化产生的影响。国家文化和旅游部的组建推动各界集体反思文化和旅游的关系。文化因旅游得以广为传播,是旅游发展的灵魂,旅游则是传承和弘扬文化的重要载体,旅游因文化更富有魅力。实质上旅游与文化是一致的,二者相辅相成,紧密联系。然而,可以肯定的是文旅融合并非简单的相加,而是深度的相融。文化与旅游有融合的基础,也有各自的优势与差异。

第三节 文旅融合的内涵

文化旅游属于一种比较特殊的旅游方式,其中的吸引物无疑为文化,以此展开的各种活动与文化活动紧密相连。中国社会科学院旅游研究中心创始人张广瑞认为:"文化旅游属于一种比较特殊的旅游方式,主要在于寻找文化体验,并将新鲜感受进行分享。"

王秀伟从动态结构维度指出文旅融合的本质,即文旅融合的本质是文化和旅游通过产品融合、业态生成、要素集聚,在共同市场中实现价值耦合。文旅融合的过程实现了两者价值边界的扩张,同时创造了新的价值增长点。在此过程中,由表及里依次形成了产品融合、业态融合、要素融合、市场融合、价值融合

5个高度关联的维度,构筑了文旅融合的金字塔结构(图2-1),文旅融合的5个维度以及据此形成的逐层递进的结构形态成为文旅融合系统的基础架构。

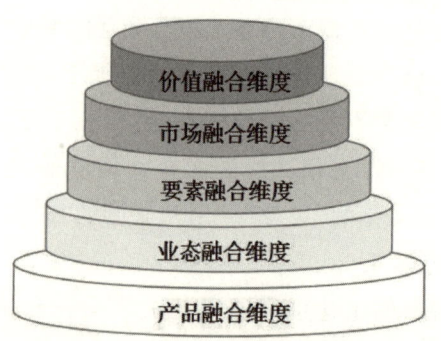

图2-1 文旅融合的结构体系

2018年文化和旅游部的组建,开启了文化与旅游融合发展的新篇章,文旅融合赋予了新的内涵,结合上述结构维度对文旅融合的认识,如下4个方面可进一步强化理解文旅融合的内涵。

一、文旅融合是一种互动的要素资源的整合

文化和旅游有着天然内在的联系,正如我国古代所说的"读万卷书,行万里路",就把读书和旅游紧密结合。文化和旅游是密不可分的,文化是旅游的灵魂,旅游是文化的重要载体。两者能够有机结合和深度融合是文化和旅游互动共荣的客观需要,也是文化和旅游发展的必然规律。其实质可视为文化、旅游产业及相关要素之间相互渗透、交叉汇合重组的动态活动,这种活动逐步突破原有的产业边界或要素领域,彼此交融而形成新的共生体,即文化、旅游2种或2种以上的要素相互结合后,通过交叉渗透和整合重组,突破原有的产业领域,使产业边界收缩、模糊或消失,共生共赢而形成新的文旅产品或业态。

二、文旅融合是一种互补的产业价值创新

文化和旅游优势互补,在融合过程中通过功能重组和价值创新,形成涵盖文旅产业核心价值的新价值链,产生"1+1>2"的产业叠加效应,形成以文化丰富旅游内涵、提升旅游层次、增强旅游魅力,以旅游传承交流文化、带动文化产业、促进文化繁荣的良好格局,进而构建新型文旅产业体系,推动文旅产业转型升级和高质量发展,更好地满足人民群众日益增长的文化和旅游生活需要。

三、文旅融合是一种规律的时空演化过程

文化和旅游融合是一个时空演化的综合发展过程,文化和旅游部的设立是系统发展过程中一个里程碑的事件,驱动着文旅融合的深入发展。文旅融合在时间上可以划分为初级阶段、发展阶段和提升阶段,在空间上呈现"点—面"的发展过程。文旅融合的初级阶段表现为资源融合,主要内容为典型的地方文化作为旅游资源被开发成文化旅游产品、文化旅游景区或文化旅游业态等形式,空间上呈现"点"式旅游景区的发展形态;文旅融合的发展阶段表现为产业融合、文化业和旅游产业形成耦合性系统,促使产业或创造新的文旅形态;文旅融合的提升阶段表现为地域融合,主要内容为以文化为要义的综合性旅游目的地的发展,空间上呈现"面"状文旅地域的发展形态(图2-2)。

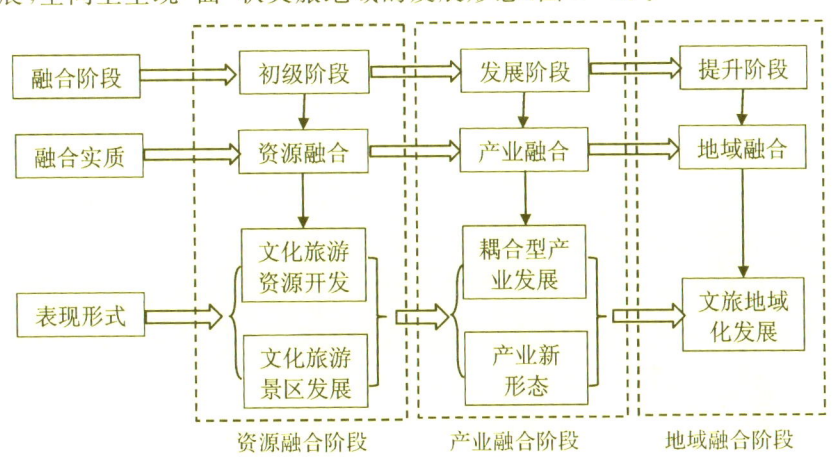

图 2-2 文旅融合的时空演化规律

四、文旅融合是一种认同的动态优化过程

文化和旅游具有多元交叉的关系属性,文旅融合既是系统的多方的融合,诸如包括价值观念、业务领域、运作方式、功能效用、体制机制等方面的融合创新,那么就需要多方强化合作,进行动态优化调整,实现"跨"到"融"的交融和认同,并且还包括由文旅内部融合、业态或产业之间相互融合和业态产业外部跨界融合构成的宏观融合和体认。还包括文化系统与旅游系统的重组,围绕文旅融合实际上构成了从追求美学到生活美学到生命美学3个由内而外、由远及近的融合圈层,要在不断拓展的文旅融合认同进程建设中实现"各美其美"到"美美与共"的转化和优化性融合。

第三章 图书馆文旅融合的内涵、基本逻辑与时代意义

图书馆作为我国文化事业的重要组成部分,积极参与文旅融合是应有之义。如绪论所述,当前旅游业发展势头强劲,这就催生了图书馆与旅游紧密相关的服务途径和服务方式,开展文旅融合服务逐渐成为图书馆服务创新或者图书馆业务流程优化重组等工作过程中不得不考虑的重要内容。不难发现,文旅融合是图书馆开展服务创新工作的必然要求。

同时,与其他旅游客体相比,图书馆作为一种文化载体,在物理形态、馆藏资源、业务流程、功能使命等方面所蕴含的文化属性在促进文旅融合方面有着独特优势。图书馆作为一种文化设施,承载与沉淀着当地的文化特色,其建筑风格、特色馆藏、活动展览、文创产品都在一定程度上体现着当地的人文风情,能够帮助游客最直接、最便利地体验当地文化特色,深化旅游体验,满足游客的精神文化需求。

该章节阐述了图书馆文旅融合的内涵、基本逻辑和时代意义。理解图书馆文旅融合内涵首先需要弄清图书馆、文化和旅游三者的基本关系,进而提出资源要素融合,形成新兴融合业态、不断深化融合价值和凸显服务功能的层次递进式融合逻辑,最后阐明图书馆文旅融合的时代意义。本章节作为基础研究部分,相关问题的论述有助于为图书馆文旅融合发展方向与实践路径提供基础,为健全图书馆文旅融合服务体系提供理论指导和实践参考。

第一节　图书馆文旅融合的内涵

一、图书馆与旅游的文化同源属性

图书馆、文化和旅游三者的基本关系的梳理有助于理解图书馆文旅融合的内涵。从文化属性来看,图书馆与旅游休闲具有同源性,二者密切联系,相互促进。文化的本质为人化或人类化,由于生产和生活方式的不同,在各地区与民族甚至是同地区、同民族的群落之间,其文化显现出一定的差异性。而旅游的本质则是人暂时性离开惯常环境的移动,图书馆通常被认为是文化的符号与体现。拥有大量文化、环境等资源的图书馆在职能属性、文化传承理念等方面都与文旅融合事业相契合,因此图书馆是文旅融合时代的重要旅游发展主体之一。

从文化维度看,图书馆承担着保存、整理文化资源以及促进文化传播的重要职能。从旅游维度看,图书馆可作为社会旅游资源,成为反映城乡风貌、地方文化和地区经济发展的旅游吸引物。早在1985年伍永仁就从读者的旅游视角提出了"搞活"图书馆工作的思路。1995年王世伟论述了图书馆与旅游6大要素与3大资源体系的关系及发展设想。并且图书馆与旅游融合具有鲜明的时代表征,其与旅游的关系研究从提供旅游信息资源向具备旅游休闲功能深耕,被视为文化和旅游全领域、多方位的协同并进之新引擎与新动力。K. Toki'c等分析了在旅游中图书馆作为信息提供者的作用,该学者还指出了图书馆在旅游业中扮演着信息角色、教育角色、文化功能和旅游景点等角色,认为图书馆在旅游中的文化功能体现在它是游客与当地人之间跨文化互动的一个领域。V. Tosic等提到了图书馆在促进文化旅游中的作用,并以埃及亚历山大图书馆作为案例进行了介绍。另外,图书馆参与到文化旅游中,可以直接或间接地起到拉动地区经济发展的作用。诸如匹兹堡卡内基图书馆吸引的游客比卡内基科学中心和匹兹堡钢人队(美式橄榄球队)加起来还要多,为当地贡献了9100万美元的经济效益。另一项对西雅图公共图书馆的研究表明,该馆新总部建立的第一年就接待了游客230万人次,带来了可观的区域经济效益。

此外,有学者从宏观层面提出宣传性更强的观点,如"灵魂载体说""诗和远方说"等,也有学者从微观层面提出学理性更强的观点,如认为文化具有旅游吸引物属性,旅游具有文化交流、体验与传承功能,或是文化与旅游两者交汇于文化认同且兼具精神消费服务提供的功能,以及文旅融合是旅游、文化和文化创意产业的联动。因此,图书馆兼具文化属性与旅游属性,具备文旅融合的牢固基础。

联系对以上观点的理解,可以认为,从物质世界的角度来看,文化和旅游的融合起源于群落间因生产和生活方式不同而产生的文化的异质性;从精神世界的角度来看,文化与旅游的融合缘起于人对文化认同的追求与旅游满足人追求文化认同、追寻文化体验的可及性。而对于图书馆而言,图书馆文旅融合是以图书馆为参与主体,实现文化与旅游"双向兼容"而不是"两相叠加"的融合,是一种多层次、多角度地融合;图书馆文旅融合是理论与实践的综合,是以图书馆为主体、以旅游为形式的文化内容分析、选择、流通及再生产过程与文化意义建构及解构过程的有机统一。

经过以上梳理与分析,对图书馆文旅融合的基本内涵阐述为:图书馆文旅融合是通过文化与旅游要素深度结合、交叉渗透与整合重组,从而形成新的文旅产品业态和价值链。其基本内涵是图书馆功能的延展和深化,是以文化认同为驱动,以图书馆资源优势为基础,以多层次、多角度的融合服务方式为手段,以促进图书馆、文化与旅游互利共赢为旨归,进而向旅游者提供具有图书馆特色与丰富文化内核的旅游产品、服务或体验活动。

二、以图书馆资源优化为基础,实现文旅要素流动

图书馆文旅融合的良性发展依赖于图书馆的文献资源要素、文化景观要素、空间环境要素与旅游"吃、住、行、游、购、娱"6要素的畅通流动,依据各地区资源禀赋的差异和需求状况,寻找要素融合的"增长极",实现要素的针对性引进与输出,推动要素的结构优化。

在文旅融合过程中,图书馆的文献书籍资源是丰类要素,食、住、行、游、购、娱是缺类要素。旅游产业中相对稀缺的是文化内涵的植入,文化于旅游而言是内容和灵魂,是旅游产品的核心竞争力和最终实现目标,故文献书籍资源是其主要缺类要素。据需求引力规律,图书馆"文献书籍资源"要素对旅游各要素具有较大的需求引力,呈正向流入关系。据关联性强弱规律,图书馆的"文化景观"作为吸引游客的重要载体与"游"这一要素关联性最强,图书馆的"空间环境"要素又为"娱、购、食、住"提供了潜在的场所,两者将成为要素融合的"增长

极"，通过培育与扩散"增长极"推动关键要素自发流动。

因此，在聚集融合要素的过程中，并非将所有要素简单相加，而是分析两者需求性与关联性的强弱，针对性地实现关联要素、稀缺要素的优化组合，突破传统图书馆文献资源的单向流动，实现高附加值、高度创新的双向融合。

三、以新业态的培育嵌入为手段，开展图书馆场景式文旅服务

图书馆文旅融合需通过培育新兴业态升级动能、带动产业转型，进而跃升其创新力与竞争力。图书馆主要通过文献信息资源阐释旅游目的地文化内涵与文化背景，间接服务于旅游部门，即图书馆与旅游业呈现后向关联，并以间接作用为主。而体现在更为高级的形态，则表现为：随着人们文化生活水平的提升，旅游业对于图书馆的需求不再局限于信息资源的获取，而是更加注重图书馆的文化景观与空间环境氛围的塑造，而二者间的关联性亦在逐步增强，为新兴业态的形成与发展奠定了基础。例如，通过动态的演化过程将文化价值观、生活方式、审美趣味等融入硬件设施，形成具有文化特质与文化意义的文旅融合"新场景"，进而不断创新图书馆文旅融合服务。

四、以多元需求为导向，实现图书馆文旅融合价值的最大化

图书馆的社会价值是人民群众在享有基本公共文化服务的公共生活中形成的，社会价值的实现程度归根结底取决于它的社会服务满足度，即公众需求满足程度是衡量图书馆文旅融合的标尺。图书馆提供的服务只有在被受众感知并认同的情况下才具有效用，并被转化为实质性的社会价值，故此图书馆文旅融合的旨归应该是基于公众多元化需求满足的融合价值体现。

这种价值的体现离不开图书馆价值的整合，也就是说图书馆文化价值、休闲价值、教育价值、体验价值等多元价值需在聚集融合要素、培育融合业态的基础上互相渗透，而社会价值的可触感则主要体现为完善的文化服务体系和丰富的文化体验活动，图书馆文旅融合应通过多元价值的整合、资源配置的优化，进而互补实现其社会价值的最大化，达致最大限度满足公众的文化需求取向。

通常而言，作为存储信息资源的图书馆的突出价值是文化价值与教育价值，而旅游产业的价值则主要表现为休闲价值与体验价值。同时，图书馆的教育价值体现在通过文化的输入来培养人、发展人，以实现文化人的润物无声的力量，而旅游业的体验价值主要表现为游客与目的地之间产生互动关系，通过

文旅融合视阈下图书馆发展研究

体验性活动加深游客对于目的地文化的感知与认同。为缓解文化教育过程中直白、简单的科普性宣教现象,将图书馆的教育价值与旅游业的体验价值融合,利用馆藏文化资源举办特色文化活动,为受众提供生动的活性化服务,进而最大程度推动"需求牵引价值"或者多元需求向导型的图书馆文旅融合发展。

第二节　图书馆文旅融合的基本逻辑

文化是旅游的灵魂,旅游是文化的载体,那么就得坚持"以文塑旅、以旅彰文",推动文化和旅游融合发展。图书馆文旅融合服务是图书馆赋予旅游文化内涵的过程,目的是更好地保障公民的基本文化权益,因而以读者为中心的人本逻辑就是图书馆文旅融合必须遵循的根本逻辑。在此基础上,图书馆文旅融合还必须进一步推动"服务端""业态端"和"效能端"之间的协同,促使治理效果、服务效应和评价反馈之间的相互衔接,以推动图书馆文旅融合事业的健康持续发展。

一、以用户为中心的人本逻辑

我国《公共图书馆法》第一条将"保障公民基本文化权益"作为立法目的,这既是对我国《宪法》第二十二条规定"国家发展为人民服务、为社会主义服务的图书馆事业"的立法遵循,又是贯彻公共图书馆"以人为本"基本理念的必然要求。图书馆作为向社会公众免费开放、提供借阅等相关服务的公共文化设施,是开展社会教育活动的终身课堂,"人本化"是图书馆持续发展的内在动力。从印度图书馆学者阮冈纳赞提出"以读者为中心"的图书馆学5定律,到现代"满足人民日益增长的美好生活需要"的宏伟目标,图书馆不仅只是为特定区域的读者提供公共文化服务,而是将作为"旅游者"的读者也纳入当地图书馆的服务体系之中,形成"市民读者十游客读者"的双读者体系,并将这种逻辑贯彻于图书馆文旅融合服务创新和业务推动的方方面面。

二、以服务为中心的治理逻辑

我国《公共图书馆法》第三条将公共图书馆定位为"社会主义公共文化服务体系的重要组成部分,担负着推动、引导、服务全民阅读的重要任务"。由此观之,"提供公共文化服务"就是图书馆的基本职责,其中,"服务"对应的就是"治理",图书馆"治理"不同于图书馆"管制",前者是指以服务为基本目的,以平等、协商、互动和博弈为基本手段;后者则是指以管制为基本目的,以政治和法律上的引导、控制和操纵为基本手段。因而,图书馆必须将以服务为中心的治理逻辑贯穿于图书馆治理的整个过程。国家推动图书馆与旅游融合,并非要将图书馆"公益性的文化服务"变为"营利性的文化经营活动",使之成为"旅游收入"的重要来源,而是要通过与旅游业之间的融合发展,更好地发挥图书馆的服务功能,形成"全域服务"的基本理念。

因此,以服务为中心的治理逻辑一方面要求图书馆应当致力于为游客提供图书借阅等基本公共文化服务,还应当收集、整理并发布旅游相关信息,让游客感受旅游目的地的文化底蕴。另一方面,应当推进旅游公共服务和图书公共服务的有机衔接,让游客在旅游景区中感受图书馆文旅服务的质量,以提供多层次、多样性、多元化的图书馆文旅服务。

三、以"内容"为中心的增值逻辑

内容可以是文字、图片、声音、视频等多种类型的作品或产品,就图书馆而言,可泛指一切图书、期刊、报纸等多载体的实体或虚拟资源体系。图书馆既具有"收集、整理、保存文献信息"的基本职能,又承担了传承人类文明的重大使命,其拥有的馆藏文化资源等要素均可纳入内容范畴,通过对其进行旅游利用和文化创意产品等内容要素的开发,将成为传承发展中华优秀传统文化、继承革命文化和发展社会主义先进文化的重要力量。

从此种意义上来说,图书馆文创产品开发和旅游产业融合发展,既是图书馆文化资本和旅游资源具体状态、客观状态和体质状态的有机整合,又使得图书馆馆藏文化资源通过产业化的方式实现文化资本的再生产,还能使中华优秀传统文化、革命文化和社会主义先进文化融入旅游商品的创意设计之中。故此,理应多渠道增强图书馆提供公共文化服务的供给内容和供给质量,结合自身优势构建主客共享的文旅融合新空间,推动旅游基础设施特色化建设,提升旅游公共设施的文化内涵,可以实现公共文化服务的短板补齐与弱项增强,进而使得图书馆中的"文化资源"的内容体系得以"活态传承",满足人民多层次、多样化、高质量的公共文化服务需求。

四、以效能为中心的评价逻辑

图书馆的文旅服务效能,指的就是图书馆充分利用其文献资源、馆舍设施、资金技术、专业人才等各种条件,通过科学规划、政策实施、资源组织和专业策划,为游客读者提供符合专业化、均等化、个性化等服务的程度。我国《公共图书馆法》在第一条中规定"发挥公共图书馆功能"的同时,又在该法第八条中明确提出"提升公共图书馆服务效能",也就是说"效能"已经成为评价图书馆提供公共文化服务的重要标志,对图书馆文旅融合服务而言,也是如此。实际上,我国图书馆和旅游融合并非"1+1=2"的简单粗浅式融合,而是"1+1>2"的高质量深度融合,是"宜融则融、能融尽融"的全面融合。

因此,评价图书馆和旅游是否实现"高质量、有品质"的融合,必须首先区分图书馆中的哪些要素"适宜"与旅游融合,并在此基础上进一步探讨"适宜"和旅游融合的图书馆各要素效能能否在旅游活动中被充分发挥,其中,主要包括图书馆建筑、公共文化服务供给、馆藏文献资源利用、文化创意产品开发等资源的旅游价值是否被充分运用。也就是说,针对图书馆文旅融合,政府和图书馆界须联合建立一套以"文化效能、社会效能和经济效能"为中心的综合评价体系,通过"效能评估"检视图书馆文旅融合是否有助于保障用户权益、提升服务水平和促进中华文化创造性转化和创新性发展,并根据评估结果适时改进相关举措。

第三节 图书馆文旅融合服务的时代意义

新时代,图书馆事业在文旅融合的大背景和新动能驱动下,迎来服务创新发展的新机遇,成为造梦的新舞台。2020年9月22日,习近平总书记在教育文化卫生体育领域专家代表座谈会上的讲话中强调:"要坚持以文塑旅、以旅彰文,推动文化和旅游融合发展,让人们在领略自然之美中感悟文化之美、陶冶心灵之美。"这无疑是图书馆文旅融合服务的时代遵循,具有极强的时代意义。

图书馆所具有的旅游功能是学者关注较早的内容之一。王世伟以旅游学理论为理论基础阐述了图书馆与旅游6大要素中的游、购、娱有着密不可分的联系,倡导图书馆应积极开拓其旅游功能。图书馆参与地方旅游业,既拓展了图书馆的服务功能,又丰富了旅游业的文化内涵,有助于实现文化产业与文事业的共同发展和双赢。柳英提出文旅融合为高校图书馆助力公共文化服务提供了新思路,有利于高校图书馆参与公共文化服务体系构建、支撑全域旅游发展战略、提高创新发展能力。陈慰、巫志南从社会事业与社会生产之间的关系、社会需求—社会供给—社会生产时间的链式传导和交互作用机理,分析了公共文化服务融合创新的必要性、必然性及意义,认为文旅融合有利于提升公共文化服务效能,带动文化、旅游产业的发展。笔者认为可从以下3方面概括图书馆文旅融合的时代意义。

一、坚守图书馆文化服务领地的有效方略

图书馆文旅融合作为自身事业升级的驱动力,推动高质量和可持续发展。通过树立新的发展理念,将文旅融合作为自身发展的新引擎和新动能;通过整合和利用文化旅游新资源,完善图书馆的设施和服务,打造阅读新空间、服务新载体,不断创新总分馆模式和完善体系建设;通过合理利用现代技术,不断拓展文旅服务手段以及提升服务品质;通过实施文旅融合服务战略,不断开辟新服务、培育新业态,进而推动我国图书馆事业实现快速健康发展。

另外,图书馆作为公益性的文化服务机构和基础设施,肩负着为大众服务的职责,承担着文化服务的永恒重任。文旅融合视域下,图书馆文化资源保存、公共文化服务、社会教育及阅读推广等职能持续延展,承担充分保护、开发和利用地方文化资源的职能,进而打造文旅融合新服务矩阵。图书馆应当紧跟文旅融合时代契机,顺势而为、借势而进、造势而起、乘势而上,进一步打破传统功能服务藩篱,重新审视和调整自身的目标定位,结合实际,借鉴国内外经典案例和成功经验,规划出符合图书馆自身发展的文旅融合服务路径,坚守图书馆文化服务领地,最大限度发挥图书馆文化服务的时代价值。

二、满足游客日益增长的文化需求的现实需要

近年来,休闲旅游已经成为人们的日常消费方式,并且游客更加重视文化内涵和文化生活体验,追求改善旅游业资源、设施和服务等要素的优越感受,游客的文化旅游需求更为凸显,故此图书馆亟需深入了解游客的心理特征和需求特性,研究并强调旅游场景的文化内涵,以实现服务内容的个性化与游客体验之间的最佳契合。强劲的游客需求对旅游服务和供给质量提出了更高要求,倒逼图书馆提供多元化、个性化、高品质的文旅融合服务,这就要求图书馆能够从

自然景观、历史文化、风土人情、旅游设施以及旅游管理能力等方面加大对地方文化、地方文献及特色活动设计的研究力度和深度,牢固践行以用户为中心的服务宗旨,探索图书馆与旅游业的全方位、立体化融合点,开展形式多样、喜闻乐见、游客认可度高的服务活动。

三、驱动图书馆与旅游业共同发展的使命任务

毋庸置疑,文旅融合服务既延伸了图书馆的服务方式和内容,又丰富和深化了旅游业的文化内涵,有助于图书馆和旅游业从"各美其美"到"美美与共"。图书馆文旅融合作为创造社会价值的新机遇,推动社会经济增长和生态文明建设。通过做好文化和旅游的黏合剂,以市场为目标推动资源优化配置,激活资源创新融合,助力全域旅游的发展;通过进一步挖掘地方文化资源、文化遗产,赋予旅游资源以文化元素和文化内涵,打造有灵魂的文旅项目和产品,大力实施乡村振兴战略,提升地方经济发展水平;通过持续强化对旅游文化的服务力度和服务质量,弘扬和传承地方文化,坚定文化自信,建设文化强国。

图书馆在深挖地区旅游景点的文化内涵、历史价值、人文价值以及明确地区旅游文化产品的定位方面具有重要作用,在不同方面支持和促进了区域旅游业的发展。此外,图书馆作为地区文化的重要宣传窗口,要在明确自身服务定位的基础上,紧抓文旅融合发展的关键时机,充分发挥自身特点和优势,进一步挖掘自身旅游要素,加大旅游场景的研究,提升自身的服务能力,增强自身影响力,实现其高质量发展。

第四章 图书馆文旅融合发展的支撑理论

学科发展就相当于一株巨大的树冠,在缺乏深厚的理论根基的条件下,显得有些沉重和难以支撑,故此学科的强大,必然要有强大的学科理论。对于图书馆文旅融合服务的纵深发展而言,相关支撑理论也同样的重要。该章节引入了自组织理论、共生理论、治理理论和赋能理论等,诸多理论可作为图书馆文旅融合服务的支撑理论,提供图书馆文旅融合的理论解释力。

第一节 自组织理论及其在图书馆文旅融合中的应用

一、自组织理论的涵义

自组织理论是 1960 年代末期开始形成的理论体系,早期的《易经》《道德经》以及古希腊米利都学派的朴素自组织思想,即认为世界处于演化发展中,发展的动力来源于系统内部。我国古代老子提出"无为而治""圣人处无为之事,行不言之教",这类思想也可归属于自组织范畴。自组织理论研究的对象是生命系统、社会系统、自然系统等各种复杂自组织系统的形成和发展的过程和机制。一般说来,组织是由诸多要素按一定方式链接而成的有序结构,它包括它组织和自组织,前者是指主要依靠外部力量作用而成的有序结构,后者是指系统自主形成的有序结构。

学者许国志认为自组织理论是指系统内各子系统通过非线性相互作用,没有外界特定干预,达到一定条件后产生的时间、空间、功能的稳定结构。学者孙锐、王战军认为自组织理论是一种演化理论,从内因上分析事物演化发展的动力,在概念上自组织并不能理解为组织中的一个"自发组建"的类型,而是一系列有关发展和演化的理论思想。学者吴彤认为自组织被描述为从"混沌(Chaos)"中出现新的有序结构的过程。学者范艳丽、周秉根、吕永平等认为,所谓自组织是系统从一种无序状态向有序状态,系统的自组织具有广延性,从宏观天体到微观粒子,从生命系统到社会系统,从金融系统(流通隧道)到情感系统(情感隧道),都可以统一在这一宇宙史观中。

概而言之,自组织理论是一组系统理论的统称,作为系统科学的重要组成部分,自组织理论是探究系统发展的常用分析框架,主要研究探索复杂系统或者复杂现象的形成和演化的规律,是揭示复杂自组织系统从无序状态到有序状态,或者从一种初级的有序状态向更加高级的有序状态的演变过程的理论思想体系。自组织理论乃是作为一类研究客观世界中的自组织现象的产生、演化和发展等的思想理论观点。

表 4-1 自组织理论体系的主要理论内容和观点

主要内容	研究内容
耗散结构理论	系统自组织的基本条件及影响因素
协同学理论	系统内部各要素,各子系统通过竞争、协同效应,实现自组织的内在基本动力,系统自身保持自组织活力的途径和方式
超循环理论	从生物分子自组织过程提出复杂系统实现演化的新途径,分析系统如何充分利用物质、能量和信息流,有效实现内部要素的相互作用

一般而言,自组织理论包括耗散结构理论、超循环理论、突变论、协同学、分形与混沌6大理论学派,在对自组织理论研究的过程中,国内外学者多是在自然科学领域运用自组织理论去诠释和解决自然科学问题,主要包括普里高津(I. Prigogine)出版的《耗散结构论》、赫尔曼·哈肯(H. harken)创立的协同学、艾根(Eigen)创立的超循环理论、埃里克·詹奇出版的《自组织的宇宙观》等。也就是说,自组织理论的基本思想和理论内核主要可以由耗散结构理论、协同学、超循环理论给出(图 4-1)。近年来,部分国内外学者开始将有关的自组织理论应用于社会和经济系统的研究,例如语言学、知识网络、教育学等学科或领域。

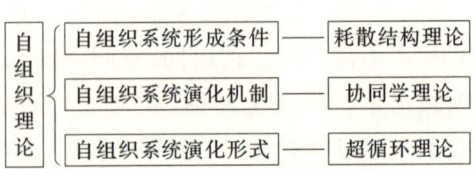

图 4-1 自组织理论体系

(1)自组织出现的条件或环境——耗散结构。系统要形成耗散结构进而出现自组织现象,必须具备 3 个条件:一是系统的开放性。系统必须是开放的,并做到适度开放,使系统在与外界进行持续的物质、能量和信息交换的同时,使外界的输入达到一定的网值。二是系统应该远离平衡态。系统要处在非平衡状态,即系统经过外部能量、物质和信息的输入,系统内部各要素之间出现差异,并培育这种差异,使其越来越大,直到系统远离平衡态。非平衡态是系统形成有序结构的源泉。三是系统是非线性系统。线性体系的系统根本不会出现耗散结构,系统要素之间要具有非线性联系,才能互相耦合,在非线性正反馈的作用下自发走向要素之间的"长程关联",才可能演化成为有序的耗散结构系统。非线性反映了体系内部的不稳定性,而判断系统非线性的标准是看组成系统的要素之间在数量和性质上要相互独立且要有相当的差异。

(2)自组织出现的内部动力机制——协同效应。仅仅具备自组织产生的条件或环境,还不能说明某系统是如何自发或自动地走向有序结构,还必须要探讨形成自组织的内在动力机制,即系统内部大量的构成要素之间通过怎样的相互合作而在宏观上产生空间、时间或功能结构。协同学理论中有关动力学机制部分有几个相关概念,例如,竞争与协同。由于系统诸要素或不同系统之间对外部环境和条件的适应和反应不同,在与外部环境交换时会出现在获取物质、能量和信息质量方面的差异,从而促使系统构成要素之间出现性质差异,而事物之间的不平衡性实际上又是竞争存在的基础。竞争使系统趋于非平衡,而这正是系统自组织的首要条件,与系统之间的协同则是在非平衡条件下出现系统要素间的相互协调、合作或同步的联合作用,即集体行为。

再如,序参量是协同论的核心概念,是指在系统演化过程中从无到有的变化,影响着系统各要素由一种相变状态转化为另一种相变状态的集体协同行为,并能指示出新结构形成的参量。因此,在现代管理中,尽管影响管理系统的因素很多,但只要能够区分本质因素与非本质因素、必然因素与偶然因素、关键因素与次要因素,找出从中起决定作用的序参量,就能把握整个管理系统的发展方向。因为序参量不仅主宰着系统演化的整个进程,而且决定着系统演化的结果。序参量概念对现代管理提供了新的理论视角,解释了系统如何在临界点上发生相变以及序参量如何主导系统产生新的时间、空间或功能结构。

超循环理论是研究生物领域非系统平衡超循环问题的理论。该理论认为分子自组织阶段必然存在于化学进化与生物进化之间,自组织阶段是完成从非生命体向生命物质转化的质的飞跃阶段。在超循环组织中,每个复制单元既能指导自己的复制,又能对下一个中间物的产生提供催化支持。超循环方法是关于如何充分利用过程中的物质、能量和信息流的理论,它提供了一种如何有效展开事物之间相互作用及结合以成为更紧密的事物的方法。杰夫·卡特赖特提出,一种组织文化从根本上来说具有超循环性,虽然变化常常需要来自外部力量,变化的动机和变化过程必定来自内部,文化的演化是一个超循环系统。

"自我驱动"和"有序发展"是自组织理论的核心特征。自组织理论认为,他组织系统的发展受外界力量的驱动和控制,以设定的方向和规则发展。自组织系统发展的动力来自系统本身,由内部要素间不对称作用主导方向和速度。如协同学创始人哈肯所说,"如果一个体系在获得空间的、时间的或功能的结构过程中,没有外界的特定干涉,我们便说该体系是自组织的"。值得注意的是,不受外界特定干涉,并非指自组织系统不受外界力量的影响,只是这种影响以非主动、非特定的形式存在。

不论是自组织还是他组织,均在内外力量的相互作用下不断发展。自组织系统的发展,遵循无序向有序、低序向有序、一种有序向另一种有序的阶段性特征,意味着内部结构的不断优化和有序程度的持续提升,本质上是自主循环的创新行为。正如学者吴彤认为自组织系统是指无需外界指令而能自行组织、自行创生、自行演化,能够自主地从无序走向有序,形成有结构的系统。

二、自组织理论在图书馆文旅融合服务中的应用

图书馆是一个生长着的有机体,在不同的发展阶段,图书馆的知识传播手段具有非恒定性和无限性等特征。社会性是图书馆的一般属性,社会形态决定图书馆的形态。图书馆应该也能够顺应特定的时代发展趋势。故此在文旅融合背景下,积极开发、推广图书馆自身的旅游功能,实现与旅游的融合,已成为图书馆的职业使命,也是图书馆与旅游协同创新的发展进路,就是以旅游者需求为核心,以资源要素共享为基础,通过创新主体协同创新,逐步形成图书馆与旅游业链动态融合发展的过程。

图书馆文旅融合本身相当于"他组织"力量介入"自组织"内部的结果,自身具有自组织的特征,遵循了一定的客观规律。因此,在图书馆文旅融合时应认识到它的高开放性、远离平衡态、非线性和涨落的特点,并依照其自组织发展规律行事,从根本上促进图书馆文旅融合的发展。图书馆文旅融合自组织是指图

书馆通过与外部环境交换物质、能量和信息,并在自组织能力建设的基础和内在机制的作用下,自行从无序到有序、从低级到高级、从简单向复杂方向成长,不断提高集群自适应、自成长能力的复杂演进过程。

(1)图书馆文旅融合服务可视为一种开放系统,是自组织和被组织的过程。首先图书馆文旅融合进程的衍生与演化需要一定的条件,但同样需要政策制度、社会文化、旅游规划等因素的支持与推进。通过"自组织"与"被组织"思路和方法的运用,可科学地把握图书馆文旅融合形成、成长与演化的性质、规律和方向,促进其与外界发生联系,如旅游目的地融合、资源建设、服务供给或与政府及社会组织的联系等等。

(2)图书馆文旅融合服务是一个复杂的系统。在内外部环境作用下,子系统可通过竞争和协同使系统远离平衡态,作为大系统存在的图书馆文旅融合演化之后,其中子系统也会沿着大系统的演化方向与紧随大系统的演化方式发展。图书馆文旅融合相关的子系统可能与大系统存在演化的偏离,但最终会通过引导、协调和协同等组织特性,促使其保持一致的演化方向,并发展出原来没有的特性、结构和功能。

(3)与图书馆文旅融合相关的各子系统之间存在非线性相互作用。图书馆与政府、旅游部门或其他利益相关者存在合作或竞合的关系,这种相互作用是非线性随机的,对图书馆文旅融合的发展可能是促进作用,也可能是抑制作用。然而自组织是自然界和社会长期演化选择和形成的非常优化的进化方式,它是自然界各子系统演化过程中,已经形成一套有效利用自然资源、物质和能量的利用率较高的循环方法和道路。自然界经过长期演化已经证明自己组织的方式比被组织的方式更为优秀。因此,图书馆文旅融合的形成、成长与演化过程中,各相关利益群体要尊重图书馆和旅游业自组织发展的性质、规律等,使"被组织"符合"自组织"的方向。

(4)图书馆文旅融合服务内的"涨落"。新成员带来新技术、新资源和新思想可使图书馆文旅融合服务产生新的变革;随着社会的发展,与图书馆相关的外部子系统(例如旅游相关机构)具有新技术、新资源,可能使联盟应用这些新技术和资源产生新的变革;联盟内部和成员馆内部的创新,它对现有技术、设施、管理会产生渐进性或根本性变革;政府及社会对图书馆文旅融合涉及的相关联盟的各种支持可使联盟体内外环境发生改变,并且成员馆发展战略的改变和其他合作机构的退出也会对联盟发展产生影响。

文旅融合视阈下图书馆发展研究

此外,要发挥好图书馆文旅融合主客体的能动性,相关主体的主动性和适应性是图书馆文旅融合发展的基本动因。同时,图书馆文旅融合整体涌现的复杂性特征离不开政府与行业协会等组织的正确引导和调控,政府等机构通过制定相关政策、鼓励创新、服务链条支持等手段,为图书馆文旅融合的发展保驾护航。也就是说,只有遵循图书馆文旅融合的自组织发展规律,充分调动主体能动性,才能真正有效地促进其高质量发展。

第二节　共生理论及其在图书馆文旅融合中的应用

一、共生理论的涵义

"共生"(symbiosis)一词来源于希腊语,作为生物学概念,共生大多是指不同种属按某种物质联系生活在一起而形成的相互性活体营养性联系,暗示着生物体某种程度的永久性物质联系。最早由德国真菌学家德贝里(Aton de Bray)在1879年提出,具体指不同种属的生物按照某种物质联系有机密切地结合在一起,在共同生活中彼此均获得利益但彼此不能分开生存。

德国科学家毕希纳(Buchner)认为共生是2种不相似有机体之间亲密的持久的联合并且倾向于将共生限制为互利的结合。原生动物学家戴维斯(Dale. S. Weis)也把共生定义为几对合作者之间的稳定、持久、亲密的组合关系。V. Ahmadjian. 认为共生是一种自组织现象,生物体之间出于生存的需要必然按照某种方式互相依存、相互作用形成共同生存、协同进化的共生关系,该作者还描述了生物间共生的多种形式,包括共生、寄生、腐生。

我国学者袁纯清于1998年在《共生理论——兼论小型经济》一书中首次引入共生理论,并运用共生理论对我国小型经济问题进行了分析。其认为:共生不仅是一种生物现象,也是一种社会现象;共生不仅是一种自然状态,也是一种可塑状态;共生不仅是一种生物识别机制,也是一种社会科学方法。

共生概念一经提出就受到了众多生物学家的青睐,因此伴随着理论研究的深入,共生的内涵和外延不减,反而由于与学科传统和学术倾向的差异使人们在共生概念的理解上产生了分歧,因此形成了广义共生和狭义共生之别。广义共生说认为物种之间存在代谢和能量转换等利害关系。该理论的代表有美国生物学家玛格丽斯（Margulis），其从生态学角度指出："共生是不同生物种类成员的个体在不同的生活周期中重要部分的联合。"高夫（Goff）1982年指出：共生包括不同程度的寄生、共生和共栖。当然，生物之间的相互联系是动态的、复杂的，生物共生方式或类型的划分更多的是一种理论上的界定，实际上不同的共生类型之间存在着相互转化、渗透，因此应以发展的视野来认识共生概念所蕴涵的内容。

从经济学视角审视共生，它是"一种社会现象、一种可塑状态和一种社会科学方法，可描述经济主体之间连续性的物质联系"，表现为共生单元在共生环境下基于特定的共生模式进行组合而形成共生关系（图4-2）。根据此图可以看出共生单元（U）可看作共生关系体系中的基本组成单元，而共生环境（E）则对应于这种体系所处的外生条件，共生模式（M）表现为共生单元组合的形式。共生理论3要素以共生单元为基础，以共生环境为条件，以共生模式为联结关键，共同构成了共生生态系统理论模型与研究体系。共生环境和共生模式是共生关系实现的必要条件，共生单元之间顺畅的物质、信息和能量交流，是形成共生关系的基础条件。

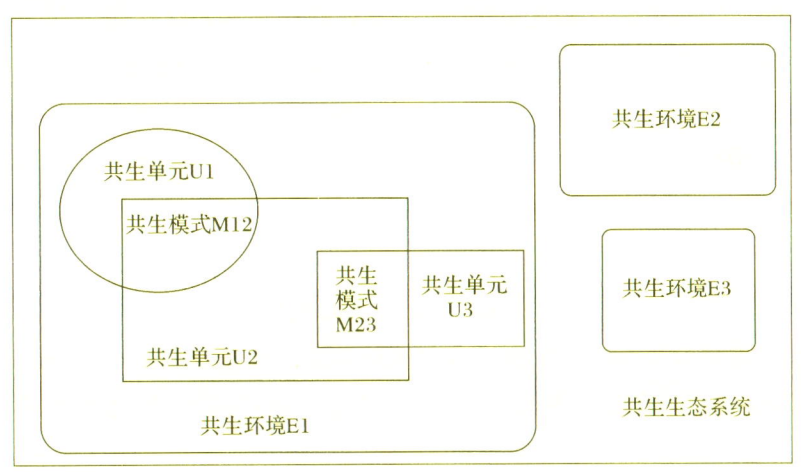

图4-2 共生生态系统理论模型图

共生理论聚焦共生单元（U）、共生模式（M）和共生环境（E）这3大基本要素，它们之间的相互作用构成共生系统。其中，共生单元是共生关系中能量生产和交换的基本物质单位。共生模式也即共生关系，指共生单元相互作用或结合的方式，按照行为方式可划分为寄生、偏利共生、非对称互惠共生和对称互惠共生4种模式;按照组织程度可划分为点共生、间歇共生、连续共生和一体化共生4种模式。共生环境是共生关系得以存在的外在条件,是除了共生单元以外的所有因素的总和,依据影响效果划分为正向环境、中性环境和反向环境。

此外,将共生单元进行信息交换、能量传输的媒介和通道称为共生界面。从发展目标来看,共同进化、共同发展、共同适应是共生的本质,共生理论倡导的是构建一种彼此作用、互惠共存、稳定正向的共生模式。

不难看出,共生是生物科学中重要的基础概念,涉及生物学众多的分支学科,有着普遍的应用。尽管共生作为生物学领域的研究成果被提出才百余年,但随着各学科发展及相互渗透,共生已不再只是生物学家的专利。越来越多的研究表明,共生不仅是一种普遍的生物现象,而且也是一种普遍的社会现象,共生进化弥补了达尔文进化论中的不足和缺陷,是继达尔文的自然选择理论、突变论后重新审视物种起源的又一划时代的贡献,共生的提出被誉为达尔文进化论之后又一次重大的理论创新。

20世纪中叶以来,医学、农业、建筑学、经济学等领域将共生作为新的研究方法予以运用,取得了不少成果。近百年来,对于共生的研究越来越活跃。不但生物学家、医学家热衷于此,社会科学领域的许多学者也纷纷对"共生"产生了浓厚兴趣,这就使得"共生"理论研究的范围越来越大,研究成果也不断深入。

因此,不难看出文旅融合本身就是共生理论的应用。主要表现如下:

(1)文旅融合体现的共生是理论和理念上的共生。"宜融则融,能融尽融,以文促旅,以旅彰文",这一文旅融合的理论和理念便很好地体现了文旅融合的共生关系,两者在理论和理念上的融合是为了以文化促进和带动旅游事业的发展和进步,同时以旅游彰显文化特色、突出文化内涵。

(2)文旅融合体现的共生也是现象上的共生。文旅融合中的"文化"这一概念体现和作用在社会生活中的方方面面,其中也包括旅游,但这并不意味着社会生活中的全部都属于文旅融合中的"文化"这一范畴。因此,文旅融合中的"文化"更多的是指与其他社会生活中的某个或某些方面结合才能成为体现和作用于社会生活的一种元素。在现实生活中,旅游场景往往体现出当地的文化特色,甚至当地的文化现象直接或间接地构成了旅游场景,而当地的文化特色也推动着当地构建和形成某种旅游场景并吸引旅游行为的发生。

(3)文旅融合体现的共生还是系统上的共生。文旅融合体现的共生不仅仅是文化和旅游两者简单相加或者简单堆砌在一起而产生的"物理反应",而是一种能够产生"1+1＞2"作用的"化学反应",由文旅融合继而催生的新业态是这一共生系统的升级和创新。文化能够为旅游带来更强的吸引力和影响力,为旅游体验带来更深层次的内容体验,因而文旅融合本质上是系统上相互促进的共生。

二、共生理论在图书馆文旅融合中的应用

(1)图书馆和文旅具备自然的协同属性,图书馆的文化属性的渗透性和旅游业的开放性使得二者无论是在客源、资源共享,还是在产品互补等方面,都存在得天独厚的共生基础。图书馆、旅游业与其他业态之间相互依存的互利共生发展亦是共生理论的表征,图书馆文旅融合的综合性决定了其共生发展的天然性。图书馆助力文旅融合过程,不仅仅是资源简单叠加和拼凑的过程,而是图书馆与旅游相互渗透、相互赋能、共生发展的过程。

(2)图书馆与旅游业的共生关系,文旅融合则会增强这种共生关系。①图书馆可深化旅游业的内涵特性。图书馆是储藏人类优秀文化的神圣殿堂,是一个国家文化软实力的重要衡量刻度。然而图书馆并非独立于经济体之外,随着人们对多元文化的高品质追求、前沿科技的应用与普适,以及文化经济的发酵与助推,图书馆的文化传播、教育扩延、资源服务、书画展览、艺术鉴赏等功能逐渐成为其融入经济发展的优势资本,成为拉动旅游经济增长与造就旅游业高质量发展的巨大动力。②旅游业可拓延图书馆的功能价值。旅游业可以进一步促进图书馆对人类文化遗产的保存与保护,有利于文化的延存与扩展。图书馆丰富的特色馆藏及其所开展的文化活动,能够源源不断地吸引各地游客前来学习和体悟一个地区的优秀特色文化,而学习与体悟又是一个对当地文化传播的过程,能让文化始终维持生生不息、绵绵不绝的活力。

毋庸置疑,文旅融合意味着文化与旅游2大产业需要进行优势互补、繁荣共生,图书馆作为知识存储和文化传播的主要公共场所,应充分整合文化资源与旅游资源,以推动形成旅游承载文化、文化带动旅游发展的良好格局。文化和旅游应该以一种自觉性、共生性和可持续的方式实现融合,以需求牵引价值的融合为底层逻辑的共生性融合正是对新时代推动文旅深度融合的响应。文旅融合从交互到共生的演进规律,揭示了文旅融合关系的动态演化特征,符合

当前实现文旅深度融合目标的需要。在文旅融合的大环境中，图书馆的重要使命不仅仅是为旅游业发展提供文化支撑，发挥保护与开发地方文化的职能，还应为游客的旅游需求提供个性化、多元化的文化体验。同时，旅游业又好又快发展也可为图书馆的功能扩展提供契机。

（3）从共生理论的角度来看，共生不仅是自然领域中生物相互依存的状态，也可以是社会经济领域中互动发展的一种机制。共生理论强调互利优化，共生单元之间只有存在共生力量才能产生共生关系，在图书馆与旅游的融合过程中，必然存在共生资源、共生项目。因此图书馆应当在坚守使命、明确社会职能和责任担当的前提下，发挥自身赋能旅游业发展的比较优势，产生的共生力量越多，共生关系才能越坚实。

图书馆文旅融合中涉及相关要素、资源和业态及其组合价值的最大化发挥，内在逻辑归于互利共生，这与图书馆文旅融合具有促进区域高质量发展的目标相吻合。诸如红色文旅产业发展要求对区域资源整合利用，通过融合路径，创造新业态，形成综合效益。有效地开发、积聚和利用区域文化和旅游资源，进而科学合理地促进红色文旅产业共生融合和转型升级，是红色文旅融合共生的重要方向。

在共生理论视角下，共生单元之间顺畅的物质、信息和能量的通畅交流程度，反映着共生界面的效率。文旅共生单元契合匹配、相互作用的融合发展系统的效率，取决于区域利益相关者调配资源、减少市场摩擦、降低信息不对称的能力。而要素资源并非主动地、直接地影响某一经济行为，资源创造价值的能力，取决于文旅共生环境资源的运用效率。旅游要素的边际收益递减，可能导致该地区经济增长停滞、规模报酬递减。在资源得到合理利用时，各个文旅单元达成共生关系：文化与旅游契合匹配、相互促进的同时，也提升地区充分开发、集聚、整合和利用旅游资源的能力，实现图书馆文旅融合微观共生单元的经营、管理协同。

这实际上隐含假设了共生单元满足融合发展的必要条件：给定时空条件下共生单元存在于某种确定的共生界面，相互存在必然的物质、信息或能量联系，共生伙伴的选择遵循一定的优先性规律，共生单元存在临界规模，与企业边界的内涵相一致。

共生单元。利益相关者共生系统中，旅游企业、当地政府、旅游者、当地社区是核心利益相关者;共生模式。旅游研究者普遍认为利益相关者的共生组织模式兼有从寄生向对称性互惠共生的进化,共生行为模式兼有从点共生向一体化共生的进化;共生环境。现有研究者普遍赞同在利益相关者共生系统中,共生环境是除主体利益相关者以外的一切影响生态旅游发展的因素总和;共生界面。研究表明,利益相关者共生系统的共生界面主要表现为各利益相关者通过自身能力共同实现的旅游活动。如旅游企业所提供的产品、设施、就业岗位及经营行为,旅游者所购买和参与的旅游活动,当地社区居民为旅游者提供的产品和服务,当地政府制定的旅游开发政策、制度和管理措施等;共生机制。有的学者提出了利益共享机制、利益协调机制、一体化机制,有的学者提出了引导参与机制、责任分组机制,有的学者提出了利益表达机制、利益分配机制、利益补偿机制、利益保障机制等等。

　　文化和旅游产业在经济层面有良好的互补性,在市场需求刺激及政府部门的引导作用下,相关要素基于共生界面为载体进行高效的融合交流,在此基础上进行协同发展,且在一定进化过程中形成丰富的文旅产业共生系统。其动因包括市场需求、企业对经济效益的追求、技术创新和放松管制等诸多方面。

　　共生界面识别并传递游客需求,引致共生单元产品或服务的创新与进化,进而促进共生模式的迭代;共生界面在受到共生环境监管、引导职能影响的同时,维系其产品或服务的供给,接触广泛、介质多样、交流通畅的共生界面更利于共生能量的迸发和流转;共生单元在受到共生环境帮助、引导和培育的同时,及时进行迭代升级,通过价值创造实现能量反馈,从而完成共生能量的流转循环。图书馆文旅融合的共生能量流转与创新驱动发展的内在逻辑相适应:创新需要技术赋能,技术进步以知识为基础,知识储备则依赖文化的积淀与利用,不断识别和满足消费者日益丰富的物质文化需求的关键正在于此。

　　因此,随着图书馆文旅融合实践的推进,共生理论也无不体现,图书馆文旅融合探索已成为文化事业与旅游事业共生一体化背景下的研究热点。从交互到共生的演进揭示了图书馆文旅融合的内在规律,反映了图书馆文旅融合的现实需求,契合了共生系统演化的理论逻辑。由交互向共生的演进中,图书馆文旅融合呈现出融合界面持续优化、融合关系逐渐增强、融合价值不断彰显的总体趋势。一体式产品融合趋于常态化、多业态跨界融合日益显著、市场多维共生态势显现、价值创新逐渐主导等发展实践是图书馆文旅融合发展的具体表现。

第三节　治理理论及其在图书馆文旅融合中的应用

一、治理理论的涵义

治理理论(governance theory)是20世纪末兴起于西方社会的公共管理学科下颇具影响的理论之一,是世界上许多国家在面临经济、政治和意识形态变化过程中所做出的理论与实践方面的重要回应。由于知识转移扩散,信息载体分散,社会和政治的异质性不断加大,社会价值从一元向多元方向发展,经济与社会变得越来越难以控制和管理,单个政府无法解决社会经济问题,需要不同部门之间加强合作,治理格局发生较大变化。

在治理理论发展过程中,学术界从不同的视角对治理进行定义。联合国全球治理委员会在题为《我们的全球伙伴关系》的研究报告中,认为治理是个人众共和私营部门,管理其共同事务的诸多方式的综合。它是使相互冲突的利益得以协调,并且采取联合行动的持续过程;既包括能迫使人们服从的正式制度和规则,也包括人们和组织机构认同的或符合其利益的各种非正式的制度安排。

经济与合作组织(OECD,1995)认为,治理是社会在管理经济和社会发展中,政治权威的运用和控制权的行使。该定义认为公共权威是在建立经济运行的环境之上,它决定着利益的分配以及统治者和治理理论的基本内容包括3个方面:①强调治理主体的多元化。政府不是国家唯一的权力中心,私营部门、介于政府与市场之间的社会团体也可能成为不同层面的权力中心。②指治理主体间的责任界限具有模糊性和权力依赖性。③建立自主自治的网络体系。治理(governance)原意是控制、引导和操纵。人们常常将其与统治(government)混合使用,主要用于与国家公共事务相关的管理和政治活动中。治理是指特定范围内各类权力部门、公共部门以及社会组织的多向度相互影响,是公共事务相关主体对于国家和社会事务的平等参与,是各类主体围绕国家和社会事务的协商互动。

管理和治理,或者与治理理论的区别有哪些呢?这也是理解治理理论的一个维度,学者李鑫诚指出西方治理理论的兴起源于传统管理理论的方法论危机,它意味着国家管理思维由权威主义向多元主义的转变,即由传统的管理方式逐渐转变为由多元性参与主体、互动性协调方式和整合性治理策略构成的治理方式。学者江必新指出管理和治理存在3个方面的区别：①主体不同。管理的主体只是政府，而治理的主体还包括社会组织乃至个人。这一变化意味着，政府不再只是治理的主体，而且也是被治理的对象；社会不再只是被治理的对象，也是治理的主体。②权源不同。政府的管理权来自权力机关的授权。尽管权力机关授权从根本上说是人民授权，但人民授权毕竟是间接的。而治理权当中的相当一部分由人民直接行使，这便是所谓的自治、共治。③运作不同。管理的运作模式是单向的、强制的、刚性的，因而管理行为的合法性常受质疑，其有效性常难保证。治理的运作模式是复合的、合作的、包容的，治理行为的合理性受到更多重视，其有效性大大增加。学者王刚、宋锴业从多维度对传统管理和治理理论进行了比对分析（表4-2）。

表4-2 "传统管理"与"治理理论"的范式对比

比较内容	传统管理		治理理论
	主要＋	次要—	
参与主体	单一主体（政府）为主	政府外的第三部门等为辅	政府、公民等多元主体参与
对应客体	优先考虑政府治理项目	对其他社会事务的管制薄弱	多元主体对应客体分别作用
决策方式	权威管制的命令型决策	辅以一定咨询、参与、协商	鼓励多元主体间的咨询协作
关注焦点	过分注重目标、结果	缺乏对组织间关系的关注	平衡过程、政策、结果等
价值取向	强调效率为主的形式合理	忽略"实质合理性"关注	形式与实质合理性互依互进
权力轨迹	自上而下的单向度管理	缺少自下而上的监督互动	权力路径轨迹的多元、交互
关键驱力	强制规则及权威指导意见	基于共同准则的相互逻辑	规则约束下主体相互信任感
角色定位	政府整合、动员、把握进程	公民通常是被动的消费者	公民等共同为管理、决策者

注："＋"表示重要性增强，"—"表示重要性削弱。

比较以往研究成果发现，中外学者对治理特征的理解渐趋一致：①治理主体的多元化，即政府不再是公共管理领域的唯一主体，还包括社会团体、企业乃至个人等。②治理主体之间责任界限的模糊性和相互依赖性，即公共与私人、政府与社会、政府与市场的责任界限划分存在一定困难。参与治理活动的主体，都不可能独自掌握充足的能力和资源来解决所有问题，而是需要相互依赖与合作，可谓"一荣俱荣，一损俱损"。③构建"自主－共治"网络体系，即多元化治理主体之间形成稳定的权力依赖与合作伙伴关系，在运行机制与治理模式上形成一种动态的"自主－共治"合作网络联合体。在公共治理理念指引下，公民的普遍参与和治理主体的多元化为旅游领域的"政府治理"和"社会治理"奠定了基础。

二、治理理论在图书馆文旅融合中的应用

治理理论在图书馆文旅融合中的应用主要体现在参与治理、自主治理和合作治理等多种治理方法的积极应用。具体表现在以下3个方面。

(1)治理理论的理念的树立有利于图书馆文旅融合服务进程中的管理使政策制定得更为科学化,能够注重多中心、自主性、参与式管理方式的应用。诸如,有关图书馆文旅融合有关政策或制度制定前统筹协调,包括政府、市场、公民社会在内的多个相互依赖的主体,通过合作与协商,达成一致的共同目标并得以实现,各利益主体既不能缺位也不能越位,在利益不断"磨合"过程中,各利益主体各司其职,优势互补,发挥各自的有效作用,促使旅游政策执行方式的人性化,有助于旅游利益主体充分发挥各自的有效作用空间。

(2)重视文化发展的整体性规划,强调文化部门同其他部门之间的密切联合,共同推进文化事业和产业协调发展。例如,国家文化和旅游部、财政部共同组织实施的创建国家公共文化服务体系示范区(项目)、扩大城乡居民文化消费试点项目等,通过连通公共文化服务与文化旅游产业,扩大文化消费助推文旅融合。文化整体性治理需要拓宽视野,把地区性文化资源纳入全球化和国家现代化的语境中,使公共部门、私营企业、社会组织及公民个体等利益相关者相互依存、相互调适,建立多元参与主体平等协商的对话机制。

(3)强调合作治理的作用发挥,政产学研协同创新是实现国家创新驱动发展战略的有效途径,是图书馆文旅融合竞争力的关键。政产学研是一种创新合作系统工程,是生产、学习、科学研究、实践运用的系统合作,是技术创新上、中、下游及创新环境与最终用户的对接与耦合,是对产学研结合在认识上、实践上的又一次深化。譬如,图书馆以市场需求和利益共同体为出发点,加快构建政产学研协同创新机制。①与当地学校、科研单位深入合作,突破了渠道单一的局限。重点推进各类科研机构和高校进行创新协同合作,以科研机构与高校的人才、研究成果输出作为合作点,共建产学研合作项目,积极探索以图书馆为主导的多种产学研合作模式。②政府在协同创新体系中扮演着十分重要的角色,其顶层政策设计和开放创新平台搭建将保证产学研创新价值的实现。因此,图书馆应积极参与相关部门及行业机构合作,为相关政策制定建言献策。③在创新主体协同过程中,基于利益一致性的前提,以创新自身价值为目的开展与旅游机构、文化创意企业、博物馆、出版社等关联个体的协同合作。2020年,湖南图书馆实施的"新春文化庙会",就是政产学研深度合作的典范。在湖南省文化

和旅游厅的政策和资金支持下,湖南图书馆联合拙诚学堂、湖南青年人手艺联盟、弘道书店、旅游企业、当地高校和科研机构等政产学研组织,举办"福来图书馆"新春文化庙会。湖南图书馆以文旅融合为主题,延续经典,推陈出新,传承市民逛庙会的新春传统项目,还创新公共图书馆独特的文化体验环节,以"书""年""乐"3大模块为主线,融合文创生活、个性书店、非遗艺术品、网红美食等多方湖湘本土优势文化资源。

第四节　赋能理论及其在图书馆文旅融合中的应用

一、赋能理论的涵义

赋能(empowerment),也译为赋权、增权等,自20世纪80年代开始进入学者们的视野。最初,伊利诺伊大学香槟分校社会心理学家Rappaport将其定义为个人、组织或团体获得能力的过程,该过程可能包含联合他人协同参与、努力获得资源权限、解读社会政治环境等措施,最终结果是提升竞争优势。

近年来,"赋能"作为一个时髦的中文词汇,为应对不断变化的环境和未来可持续发展而产生的赋能新概念,从最初的教育学、心理学、管理学的探索发展到信息科学等更多学科的研究,成为今天学术界的一个热点研究领域,其原理不仅应用在商业和经济领域,而且广泛应用于公共服务、文化教育、政治、军事等社会各个领域。赋能有3点原则:①强调激起人的创意与动力;②强调文化与价值观的营造;③强调组织本身的设计、人和人的互动。

目前关于赋能的研究主要有2个不同的分析视角。一个是组织管理的分析视角,经过管理学、组织行为学与心理学等学科的研究,主要集中于心理赋能、结构赋能及其相关赋能量表的开发,最终体现为授权赋能(delegation empowerment),主要解决组织行为与人力资源赋能问题。学术界和企业界分别围绕授权赋能的定义、类型以及其与组织、社群的成员行为和组织绩效的关系等进行了广泛研究、拓展和演化。鉴于研究情境、研究视角、研究目的、研究对象以及对授权赋能中权力定义等方面的差异,授权赋能内涵、维度和分析也呈现了"百家争鸣"的特点。从组织和个体角度出发,授权赋能主要分为3类,即结构赋能、心理赋能和领导赋能。

另一个是技术发展的分析视角,根据Gartner技术成熟度理论,颠覆性技术将引起市场的革命性和结构性变革,数字技术的不断创新和发展,推动组织和主体内部与外部的信息、知识流传递距离大幅缩短,连接、互动及合作效率显著提高、方式不断变化,其影响边界从主体内部逐步拓展到主体之间以及价值网络(生态系统),主体价值创造由内部改革驱动快速转变为外部刺激因素决定,数字技术本身(IT、互联网、大数据和人工智能等新技术)作为推动传统商业(工厂、公司等)向现代商业(平台、商业生态系统等)转变的主要原因,体现了赋能中信息的数字技术水平特征。

经过信息科学、计算机科学等学科的研究,主要集中在数字环境、人工智能、信息管理和知识管理等理论探索和技术应用,具体表现为3种赋能:①数字赋能(digital empowerment),聚焦于以信息技术、数字化工具及数字和信息素养为依托赋能;②知识赋能(knowledge empowerment),通过技术、文化和制度的综合驱动,研究知识及知识管理技术赋能;③智慧赋能(wisdom empowerment),有情报指挥赋能,AI赋能等研究。

孔海东、张培、刘兵等学者从网络层次和主体层次对价值网络中的赋能维度和要素进行了界定(图4-3)。其中,赋能氛围维度中的信息共享、开放性结构和协同规则3个要素体现了价值网络中的赋能环境,反映了价值网络中不同行为主体开展互动合作时,单个行为主体受到其合作伙伴在信息技术共享水平、开放式价值主张对话、资源获取与合作等方面的影响程度,以及不同行为主体关于正式与非正式规则方面的共同观念。而主体赋能(操作化定义)中的主体关系、资源整合以及影响3个要素体现了主体赋能的水平和状态,反映了主体在与价值网络中合作伙伴开展互动合作中的关系水平、资源整合能力以及对其他利益相关主体和价值网络演进的影响力。

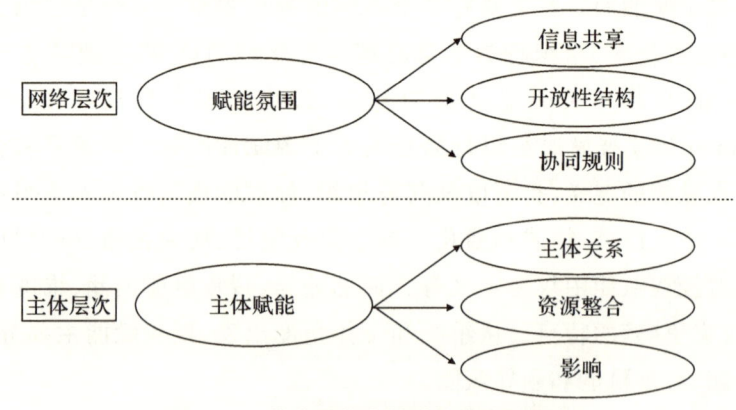

图4-3 价值网络中的赋能维度和要素

二、赋能理论在图书馆文旅融合中的应用

虽然赋能在行为主体内部、外部面临的情境和条件不同,但是体现主体内外赋能结构特征的关键要素总是存在,包括信息共享、参与、问责机制和资源获取能力等。开放性则更多体现在了互联网商业生态环境下的网络结构与合作特征。显然,上述赋能维度和类型中的关键要素与价值共创过程的关键特征充满高度契合性。因此,本研究认为赋能在阐释和分析图书馆文旅融合的路径、融合模式和对策提升等方面具有十分重要的应用。

进入高质量发展阶段,各类型图书馆的高质量发展需要赋能。柯平、彭亮分析了图书馆高质量发展的赋能机制,包括组织管理视角产生的授权赋能,技术发展视角产生的数字赋能、知识赋能和智慧赋能(表4-3)。并从系统的观点认为,授权、数字化、知识化和智慧化是赋能应用于图书馆高质量发展的4个重要因素,4个要素虽然不能同时推进,但是能相互影响和关联形成图书馆的赋能机制。

表4-3 图书馆高质量发展的4种赋能比较

赋能类型	赋能对象	赋能方式	赋能特征
授权赋能	图书馆馆员	以结构和心理方式	工作满意度、韧性和创造力
	图书馆管理者	以结构和心理方式	治理能力现代化,领导力和胜任力
数字赋能	图书馆资源	以数字化技术方式	信息资源大数据化
	图书馆服务	以虚拟空间方式	信息服务精准化
知识赋能	图书馆资源	以知识管理技术方式	知识资源传播广度
	图书馆服务	以科学理论和专业知识方式	知识服务嵌入深度
智慧赋能	图书馆资源	以人工智能技术方式	智慧资源体验化
	图书馆服务	以文化方式	智慧服务引领性

在文旅融合的背景下,图书馆旅游已在价值链功能解构与重构方面进行了积极的探索与尝试,通过双向赋能将图书馆资源与旅游吃、住、行、游、购、娱6要素融合共生。就图书馆文旅融合的高质量发展而言,既有新的机遇也有新的挑战,赋能是抓住机遇、迎接挑战的必由路径。仅仅从组织管理视角进行赋能,或者仅仅从技术发展视角进行赋能,都不可能实现图书馆文旅融合整体的高质量发展。必须促进高质量资源、服务与高质量管理之间的最优匹配,以及社会环境与技术环境的有机契合,才能真正实现图书馆事业高质量和可持续发展,

完成新一代图书馆的转型升级。

就图书馆文旅融合而言,笔者认为技术赋能的作用更为明显。科技创新在现代产业体系中占有极其重要的地位,从要素层面来分析,图书馆文旅融合服务体系在科技创新、资源建设、人力资源共同促进下的实体经济高质量发展。数字技术可以推动促进图书馆文旅融合服务升级换代,延伸图书馆文旅服务链,例如在利用数字技术打造文旅新产业、新业态的实践中,提供高质量图书馆文旅服务产品的有效供给,利用数字技术进一步挖掘特色文化资源,在赋予传统文化新内涵的同时,应用现代科技手段塑造文化产品新形式,不断满足现代社会消费者的个性化文化消费需求,从而促进图书馆文旅融合多元模式发展,等等。

第五章 图书馆文旅融合服务实践模式研究

本章节依据事物发展的基本规律,即初级阶段上升高级阶段的发展规律,从初级、高级、提升的"三阶段"提出"场所＋""功能＋"和"＋X"3种图书馆文旅融合服务模式(图5-1)。这3种融合模式的共同优势在于极大地拓展和深化了图书馆的服务范畴和功能,扩展了图书馆服务的覆盖范围和受众面,使其运用手段和承载模式更加丰富,在服务能力和水平的提高、社会文化的振兴和民众文化素养的提升等方面起着极其重要的作用。

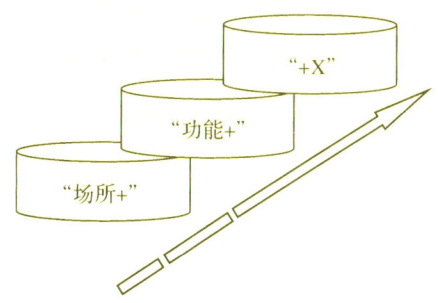

图5-1 图书馆文旅融合服务实践模式

这3种融合模式逐渐形成了图书馆文旅融合的聚集关联性要素,实现图书馆和旅游关键节点要素的双向融合,通过打造文旅融合新场景,形成新兴融合业态,不断深化图书馆文旅融合服务价值的层次递进式融合进路。

第一节 "场所＋"模式

一、基本释义

一般而言,场所与地方、场合等同为近义词,是指特定的人或事所占有的环境的特定部分,指的是特定建筑物或公共空间活动处所。从社会或文化意义视角,场所是具有清晰特性的空间,是由自然环境和人造环境相结合的有意义的整体,这个整体反映了在特定时间、特定地点中人们的生活方式和环境特征,是一个人记忆的一种物体化和空间化。

场所只有富有了意义才更为有价值,也就是说只有当空间从文化、历史、活动和特定的地域中获得精神时,才能称为真正意义上的场所,因此提及场所,不得不谈及场所精神。场所精神是指任何特定的场所具有的区别于其他场所的总体气氛,它是人的意识和行动在与空间的互动过程中获得的一种归属感,一种有意义的空间感、场所感。场所精神是空间被人体验的产物,是从空间角度了解认识人与环境的关系,其本质在于发掘实体空间的文化内涵及人文特征,使人区别场所与场所之间的差异,唤起人们对一个地方或场所的记忆。

对于图书馆文旅融合而言,图书馆凭借独特的馆藏、历史价值、建筑或空间设计而打造成为文化景观,或将图书馆(分馆)建到景区、民宿、书院等旅游地,此为场所空间的延伸。但更为重要的是,图书馆文旅融合场所延伸服务进程中,不同维度的场所精神的发挥才尤为关键。譬如考虑相对便利的选址能更多地满足游客和社会公众的需求,这符合图书馆的服务性特征和旅游产业的便利性要求,对文旅融合发展来说是一个重要的催化因素。选择地区中心或交通发达的位置来延续图书馆文化旅游建设,是从现有实践探索中总结出的科学经验。

厘清游客的多样化需求和图书馆嵌入或融合场所的行为边界,针对不同群体构成多样化、空间多功能化"多合一"场所,并基于"多合一"场所创设、选择、认同理性,并开展协同治理,建设图书馆+治理共同体建设,这便是场所精神的另一种要义的深度体现。当前或者未来,图书馆文旅融合发展已经不再局限于旅游景区,而是逐渐扩展至景区、地铁商业圈、电影院、公园等区域,越来越多的图书馆基于场所文化不断地进行载体和服务的创新。针对场所建设而言,图书馆馆舍有馆中馆、馆外馆、馆馆联盟、数字图书馆、移动图书馆、网上图书馆等各种形态,每一种形态的发展不仅致力于物理空间建设,也在逐步提升内部服务,皆是追求图书馆场所精神,进而促进图书馆向多元、开放、共享、包容等方向发展,这正是更好地接轨文旅融合新时代的发展要求,以创新文化特色和服务品质实现图书馆文旅融合高质量发展目标。

二、"场所+"模式的实践案例

1."酒店+"模式

"酒店+"模式是指在景区宾馆、酒店内提供图书借阅等服务,该模式是图书馆走进景区的常见形式。酒店在运营理念、外在布局、设施配置和服务内容中植入图书馆元素,以图书为切入点,塑造阅读环境,通过独特的书香文化氛围,满足读者的多样化、个性化阅读需求。一般而言,与宾馆酒店合作,图书馆负责图书的统一采购、编目及配送,宾馆酒店提供空间设施、管理与服务,既扩大了图书馆阅读推广的空间,又实现了宾馆酒店的服务增值,提升了企业的文化品位,是图书馆与馆外机构资源共享的有益尝试。正如学者康思本提出,"图书馆+酒店"模式通过资源共享、用户共享实现图书馆、酒店和旅客 3 方共赢,具有推广价值。

案例一:北京国图宾馆的客房提供国家图书馆的阅读资源,宾馆客房成为国家图书馆的阅读推广空间。国家图书馆宾馆融入阅读元素,宾馆大堂设立目录柜作为人口背景,另外布置了"二十五史橱柜",内有精品读物供客人阅读,公共走廊设置书架,公共阅读区域的桌椅与国家图书馆北海馆舍样式相同,客房、电梯、餐厅等处也可见国家图书馆的文献要素,如老照片、藏书印、老地图、字画等,处处体现着国家图书馆的文化气息。图书馆酒店有效地利用了宾馆的空间设施和游客的闲暇时间,实现了资源共享与增值,是图书馆进行阅读推广的良好模式。

案例二:苏州图书馆与书香酒店合作,住店客人可以通过苏州图书馆系统借阅图书,在酒店共建面向大众的 24 小时图书借阅设施,让书香酒店成为城市中"永不闭馆的图书馆"。在酒店阅读空间的营造上,书香酒店规定每家新开酒店均应有独立的阅读空间且藏书不低于 300 册,到店客人可以在办理入住或者休息的时候选阅自己喜欢的书籍,每间客房都配有精选的书籍 5 册,并且每个月都会更换一批新书。入住书香酒店的客人,最大的感受就是随处可见的书香文化,那一本本精心选配的书籍,让浮躁的心情顿时安静下来,恍若来到世外桃源。

案例三:海宁市图书馆联合钱江君庭酒店,通过 24 小时自助书香驿站建设,打造"阅读+旅游"服务。该馆于 2017 年 1 月 15 日启动成立,是公共图书馆领域阵地融合的典型代表之一,也在浙江省率先实践尝试。该驿站在酒店大厅区域内,面积约80平方米,藏书约2400册,值得一提的是,该驿站特别增加了海宁地方文献,将金庸、王国维等名家名人的作品也纳入其中,有利于方便入住酒店的游客了解海宁的名人文化、地方文化,成为阅读和文化传播的一个窗口。

2."民宿+"模式

民宿是国家倡导的旅游住宿新业态,2015年发布的《国务院办公厅关于加快发展生活性服务业促进消费结构升级的指导意见》首次倡导发展民宿客栈等新兴住宿业态;2016年国家发改委等10个部门制定的《关于促进绿色消费的指导意见》中,明确将支持民宿工作作为政府重点工作。由此,各地民宿业迅速发展,对乡村旅游经济振兴起到了很好的推动作用。

在民宿点建设图书馆,可以为民宿游客提供借阅和休闲娱乐空间,为民宿点注入文化元素,提升了游客的住宿体验,并且这种模式让民宿与风土民俗相结合,乡村与文化休闲相结合,有效地推进了行走阅读、休闲阅读等方式。同时,该模式能够把知识教育、文化熏陶及全民阅读结合起来,有效弥补了农村地区文化建设差异,夯实了乡村文旅融合的文化基础,加快了乡村文旅融合发展的步伐。

案例一:浙江省云和县图书馆打造的"民宿+阅读"项目,该项目是云和县图书馆根据当地民宿多、游客阅读需求旺盛的特点,大力发展民宿书吧的创新做法。云和县的漫享书屋就是民宿图书馆的典范,该书屋藏书6000余册,设有云上图书馆、咖啡馆和美学教室多个功能区域,读者可阅读、品咖啡、做手工,为美丽的丽水乡村增添了浓厚的文化气息。云和县图书馆利用"你点书我买单"的形式,通过新购、流通2种方式相继建成了"云上5天""茶舍生香""云栖书咖""e创园""崖壁仙居""牧云居"等多家满溢书香的民宿书吧,并定期更换新书。截至目前,云和县图书馆累计为民宿图书馆送去图书2万余册,以满足游客读者的阅读需求,书籍类目涵盖政治、历史、文学、艺术等方面。云和县的民宿图书馆让公共图书馆服务下沉,实现了景点外观和文化内涵统一,用独特文化魅力诠释了旅游,也使得旅游更具吸引力,具有示范引领价值。

案例二:浙江省杭州市桐庐县图书馆启动"公共图书进民宿"项目,该项目在3级图书服务网络的末端——村级,打通公共文化服务"最后一公里",桐庐县图书馆通过图书馆"出书"、民宿"出空间"方式整合文化资源,让公共图书走进民宿,走进村民和游客的视野,让更多读者受惠,进而探索"图书馆+民宿"文旅融合的新模式,有效促进了文旅深度融合。

具体来说,桐庐县图书馆以总分馆建设为平台,在12个乡镇(街道)建设独立的图书分馆,由分馆负责与民宿的联系,这不仅有利于加强分馆的服务承受力,也有利于民宿打破时间、路程的局限,及时更新图书,以乡镇分馆为桥梁,加强民宿与总馆的联系。通过调研,桐庐县图书馆确定将富春江镇慢生活体验区的石舍村规模较大的7家民宿作为试点,根据民宿自身主题、游客需求等配置图书。如石舍方户主打田园风,配置轻松、休闲的轻阅读类图书;瑜伽静修营,以瑜伽健身为特色的,配送以瑜伽锻炼、修身养性为主题的图书。并且,桐庐县图书馆因地制宜,根据各地特色制定了《乡镇(街道)图书分馆服务和评估规范》《乡镇(街道)图书分馆服务和评估规范》等制度规范,从图书分馆的机构职责、建设要求、服务要求、管理要求、评估等方面进行编写,尤其是针对民宿流通点的管理,内容准确、合理、切合实际,并在运行过程中具有可控制、可操作性,成为迄今为止浙江省首个县级图书馆总分馆地方性标准,在公共图书进民宿建设方面进行了有效的实践和探索。

案例三:莲都区"图书馆+民宿"的实践项目。丽水市莲都区在全区先后建立了24个民宿书吧,其中因地制宜,合理配置馆藏打造的下南山特色分馆、驻85民宿书房、画居·匠心民宿书房3个民宿书房颇具时代特色,为旅游业的创新发展提供新的发展模式。

下南山民宿综合体书吧是莲都区图书馆的一个特色分馆,以"古村+休闲"为特点,其面积340平方米,分为上下两层,下层分为阅读区及少儿阅读区,上层则为别具特色的榻榻米书屋,到目前已经拥有馆藏图书将近3000册。特色分馆和民宿景点当中的创业工作室、手工艺空间、乡村创业学堂、咖啡厅等,都是民宿当中的独立个体,不仅如此,其自身还是一个景点书房和乡村书房,游客和当地的居民都可以免费对其进行参观、使用。驻85民宿,是以"生活·家"为概念,以非凡景致为游客提供优越入住体验的一家精品设计师民宿。驻85民宿书房与传统的书房不同,它把咖啡吧、图书区、住宿区三者巧妙地结合在一起,让阅读更好地融入读者的生活当中。画居·匠心民宿书房坐落于丽水市莲都区大港头镇的河边新村,书房与古堰画乡景区相邻,其面积约120平方米,目前拥有馆藏图书近4000册,其中有一半以上的图书来自社会各界的捐赠。画

文旅融合视阈下图书馆发展研究

居·匠心民宿书房保留了当地木制品加工集散地的传统特点,使用原木打造出了一个三面环墙的藏书空间,这让读者有一种穿越时空隧道的感觉。莲都区图书馆针对画居·匠心民宿书房的特点,除了配送符合民宿特点的书目外,还专门为其配送了一些关于木工手作方面的书籍,便于读者阅读。

3."景区+"模式

我国较早采用"图书馆+景区"融合运营模式的是庐山图书馆,通过公共图书馆的文化服务职能与庐山风景名胜区影响力的融合实现图书馆与景区的互利共赢。目前,在景区设立主题分馆、书吧成为图书馆文旅融合发展的主要模式。

案例一:2019年5月鄂尔多斯市图书馆响沙湾旅游景区分馆正式揭牌,响沙湾旅游景区分馆是鄂尔多斯市在旅游景区建立的第一个图书馆分馆,是促进文旅深度融合的有益尝试。鄂尔多斯市图书馆在响沙湾旅游景区建成分馆。图书馆分馆进景区,促文旅深度融合。响沙湾旅游景区分馆的创建,主要以内蒙古自治区和鄂尔多斯历史文化类图书设置为主,其中中文图书2000册,外文图书119册,供景区游客免费阅读。图书馆分馆进景区,让游客更加全面和深入地了解了内蒙古自治区及鄂尔多斯地区的历史文明和灿烂文化,提升旅游内涵,以文促旅,以旅彰文,推动了鄂尔多斯文旅深度融合,实现了文旅资源共享、合作共赢。

案例二:广东省四会市图书馆奇石河风景区服务点位于奇石河景区游客服务中心内。走进服务点,环境舒适,装修雅致,1500册书籍摆放整齐。游客们可以边读书,边欣赏窗外的风景,书香画意别有风致。据了解,图书馆奇石河景区服务点采用自助化服务和管理为旅客提供免费开放服务,每天开放9小时。诚然,服务进景区是促进该市图书馆总分馆制建设的一大亮点,是四会市图书馆在"文旅融合,促进阅读"作出的新举措,有力地提升了奇石河风景区的特色公共文化服务,助推了文旅融合。

案例三:北海市图书馆通过与涠洲岛旅游发展公司合作共建管理的模式,2019年建设了海岛智慧书房,成为新的网红打卡点,吸引广大市民及游客关注阅读、参与阅读、热爱阅读,并形成了一整套城市智慧书房建设标准、运营标准、合作模式。北海市图书馆还与银海区银滩镇白虎头村民委员会在全国唯一一个以疍家文化为主题的特色小镇合作建设了疍家小镇智慧书房,为游客带来更为丰富的旅游体验和多样化的特色阅读服务。

涠洲岛旅游区管委会与北海市图书馆联合建设的涠洲岛智慧书房。这个建在 4A 级景区里的广西首家海岛智慧书房,24 小时全天候开放并采取完全自助的服务方式,为岛上居民和广大游客提供图书阅览、图书外借、电子书阅读、音乐欣赏、听书、上网等服务。涠洲岛智慧书房一经推出,便迅速成为很多游客必去的网红打卡地,为景区和游客们的旅途增添了缕缕书香。此外,经过 2 年多的建设,全国首个跨行政区域的图书馆联盟共同体——北部湾经济区图书馆服务联盟目前初具雏形。把图书馆"搬进"景区、景点是北部湾图书馆联盟的一个尝试。北部湾地区 6 个城市公共图书馆的借阅系统成功联网,并对所有书籍文献统一编目,实现了图书在 6 个城市间的通借通还,自由流动。

三、"场所+"模式的优缺点

"场所+"模式是目前图书馆文旅融合模式中较为常见和普遍的一种模式,是其与社会产生交流互动的前提下进行文化输出的基本形式。图书馆的作为场所等"外形"展示或建筑形态的外化,能直观展现其文化魅力,可以说图书馆本身的场所价值、服务理念与美感是开展文化旅游的始发点。例如,有"中国最美图书馆"之称的天津滨海图书馆、河北省阿那亚的"孤独图书馆",一时间成为游客纷纷前去打卡的"网红"圣地,皆是场所层面的意义体现。

"场所+"促使图书馆具备了旅游的功能,游客将图书馆作为旅游目的地的一部分,打破了原先单一景区式的游览模式,有效利用文化空间,提高旅游目的地的文化韵味。另外,在文旅融合背景下,嵌入民宿、融入景点、民宿等"场所+"模式开辟了图书馆文旅融合的新模式,对带动阅读,促进阅读推广起到了积极的引领作用。可以看出,在文旅融合的背景下,学者们不再将图书馆局限于具体机构,而是侧重人的行为和意愿。只要具备阅读的意愿和行为,任何地点都可成为图书馆,这在一定程度上让图书馆更易融入日常生活,拉近了与人们之间的距离。

然而上述融合模式虽然是目前图书馆在文旅融合方面比较常见的方式,但不足之处也显而易见,诸如,合作形式单一、自身业务无明显提升、业务流单线无法形成业务闭环、地域文化宣传力度不够等。对于"民宿+"模式,民宿图书流通点服务水平有待提升,实际情况中,民宿图书流通点的服务人员一般使用兼职人员,他们并未经过系统的培训,缺乏图书管理方面的专业知识,在平日图

文旅融合视阈下图书馆发展研究

书整理、借阅管理、阅读推广等方面往往有疏漏,也不能根据百姓的需求推荐或解答图书的相关信息,与总馆的联系不主动,缺乏阅读推广活动,不利于图书功能的发挥和阅读惠民的文化提升。

再如,图书馆在文旅融合方面应该注重发挥自身业务优势,除了考虑与外部融合之外,更应注重提高自身的业务能力,兼顾读者和游客之间身份转化,让用户参与到融合的过程中,打造完整的业务闭环。福州市图书馆的"+旅游"业务体系建设,正是考虑到这3个方面,在资源内容上以地域特色为核心,采用以手绘为主的多元化形态的展现方式,用户服务融入线上线下双渠道,通过技术与业务互联互通,推进图书馆文旅融合的业务模式建设。

并且,可以进一步强化合作,丰富服务方式。故此,图书馆应探索与公共交通、餐饮、休闲娱乐场所(商圈步行街)等社会力量的合作,将图书馆元素嵌入合作场所中,融入现代理念、现代技术、现代模式,运用共享经济思维提升服务效能,让游客在行、游、住、食、购、娱中全方位享受文化服务。如小程序听书、扫码阅读电子书刊,开展读书分享会、诗歌朗诵会、茶道、花艺、电影鉴赏沙龙、文艺演出等活动。或者,建立地方旅游数字资源,让读者可以从图书馆网站上搜索到本地的景区文字及视频资料等,为景区旅游提供咨询,也能起到很好的旅游文化宣传推广作用。景区也可以共享数字资源,在景区入口或休息处等播放,起到旅游指南的作用。

第二节 "功能+"模式

一、基本释义

功能,意指事物或方法所发挥的有利作用,也就是功效、效能和效率。随着社会的发展,不同类型的图书馆功能的内涵和外延也在不断地变化,但是始终都在彰显着图书馆功能不断充分发挥、不断与时俱进的时代价值,发出振兴图书馆事业的时代强音。

那么,就图书馆文旅融合服务而言,"功能+"是指通过教育、交流、展览、推广、体验等方式阐释图书馆社会教育、文化传承、娱乐休闲等属性与功能,促使图书馆与旅游全面融合。V.Tosic等提出,公共图书馆在旅游业中扮演信息提供者、教育者、传播者、旅游景点等角色。如许多北美的图书馆提供儿童游乐场所;美国的西雅图公共图书馆、澳大利亚的部分图书馆、阿姆斯特丹的中央图书馆提供餐饮服务、旅游信息咨询服务等等。

此外,随着游客的多元需求以及环境场景的迭代更新,某种程度上,图书馆文旅融合服务与多元体验服务的供给相伴相生,也就是说体验服务同样是图书馆文旅融合的功能体现。图书馆文旅融合重在增强体验感觉,体验服务过程,体验是一个复杂的过程,不仅包含图书馆提供职业、专业服务的全过程,还包含用户文献信息获取及获取后的感受过程,甚至是一个改变心理水平、调整心理结构的过程。体验是决定满意度及吸引力的最主要、最全面、最能反映真实感受的影响因素,因为它是用户在接受服务及参与使用设施的每一个接触环节的全程感受。对图书馆而言包括观光体验、借阅体验、信息服务体验、馆内外合作体验、线上线下体验等多个维度,体验越好吸引力越强,功能价值越突出,也就是说用户体验离不开图书馆"功能+"模式的变化发展,二者休戚相关、密不可分。并且,这样的延伸服务职能属性,提升了图书馆在文旅深度融合发展之中的价值定位,进一步编实织密了公共文化服务网络。

二、"功能+"模式的实践案例

1. 助力红色游

红色文化是中华文化发展到 20 世纪以后,伴随着马克思主义的中国化而形成的一种新的文化形态,成为中国当代的主流文化标签。它是在革命战争年代,由中国共产党人、先进分子和人民群众共同创造并极具中国特色的先进文化,蕴含着丰富的革命精神和厚重的历史文化内涵。

2021 年 2 月,国务院印发的《关于新时代支持革命老区振兴发展的意见》明确提出,推动红色旅游高质量发展,建设红色旅游融合发展示范区,从国家政策层面明确了红色旅游的高质量发展方向。与此同时,我国人民的红色旅游需求显著提高。一方面,我国红色旅游出游人次不断攀升,综合收入大幅提高,红色旅游已是国内旅游市场的重要组成部分。另一方面,青少年群体正在成为我国红色旅游的主体,出游形式也从以单位、团队组织为主向个人自助游、家庭游和亲子游拓展,从群众需求层面对红色旅游转向高质量发展提出了要求。因此,红色旅游需要调整发展价值取向、遵循,以及发展着力点,探寻可持续发展的动力源,这对红色旅游提出了开放、联动与融合的新要求。

故此,在文旅融合背景下,图书馆作为文旅系统的重要一员,要积极探索,深入挖掘红色旅游的内涵,讲好红色故事。图书馆应整合资源,与各红色景区、场馆、学校等通力合作,创新红色旅游模式,助力红色游,打造红色旅游精品,这不仅有利于提高经济效益,更有助于守护、传承红色文化血脉。

案例一:常规业务模式,主要包含建设红色馆藏、开辟红色空间、举办红色活动3种模式。红色馆藏是图书馆挖掘红色文化、服务红色旅游发展的物质基础,建设红色馆藏是图书馆对红色基因的有效传承,有助于提升现有红色文献资源的利用率。目前,我国已有较多图书馆立足本地区红色历史,开展红色专题文献资源的建设工作。上海图书馆从红色文献馆藏中精选文献出版了《上海图书馆藏红色文献图录》,为红色文化的发展提供了良好指引。李晓婷以文旅融合为背景,探讨了山东省图书馆《山东红色之旅》视频数据库的特色。建设方面:山东图书馆依托馆藏资源,自建资源,协同各地党史部门合作共建。内容方面:该视频数据库宣传红色文化特色,突出地方文化特色,兼顾旅游文化特色。

开辟红色空间,红色空间是以"红色"为主题改造馆内既有场地而形成的富含红色元素的主题空间,是图书馆塑造红色主题文化和提供优质红色服务的场所。在空间允许的情况下,图书馆应选择适宜的空间建设红色空间。瑞安市图书馆的红色阅读空间,专设"学习进行时"党史党建图书柜,并举办了"庆祝中国共产党成立100周年"系列书展。

举办红色活动。除了静态的红色馆藏将红色馆藏转变成"活"公共图书馆还积极开展类型多样的红色主题教育,收集了生动的红色教育课堂教材,动态讲好红色故事。如南京金陵图书馆分别组织了以下红色主题阅读活动:诗游南京—巡礼红色景点或红色教育基地,走访侵华日军南京大屠杀遇难同胞纪念馆、南京渡江战役纪念馆、雨花台烈士陵园等,用生动的史料、图片、立雕、遗址陈列、遗物等革命文物,在真实的情境中通过诗词和历史讲解,让参与者深受震撼和教育;朗读者—艺术团红色经典诵读会,通过诵读红色经典的形式,传承与发扬革命精神,弘扬主流价值观;萤萤故事堂—深入各中小学、分馆服务点,关注特殊儿童和贫困儿童,把红色经典故事引进校园,让其走进课堂、走入学生的心灵,把红色资源转化为教育资源,用红色文化引领学生健康成长;流动书车送服务—金陵图书馆精选馆藏红色书籍,流动书车进校园、社区、部队、红色场馆等,积极展示图书馆丰富的红色文献资料,让更多的市民了解红色历史和革命故事,传承红色文化精神。

案例二：我国各级各类图书馆应当审视自身优势，结合图书馆的地域特征、馆员专业能力、数字服务技术以及红色馆藏等，开发兼具图书馆特色与地方特色的红色旅游服务平台，满足用户红色旅游信息查询、获取与体验等需求。如上海图书馆团队通过实地考察并联系历史事件来推荐红色旅游路线，利用图书馆的数字人文红色文献平台，打造了以上海红色文化为主题的"红色旅游微网站定制红色旅游线路"专门网页，该网页具备上海红色文化全景地图、上海红色旅游景点实地导航等功能，游客可以选择专家团队认证过的历史主题路线，也可以选择自己所在地周围的相关红色景点，方便游客定制匹配自身出游时间和空间的个性化旅行计划。

案例三：红色主题图书馆模式，即以红色为主题在馆舍中开辟新的服务空间的形态，建设红色"馆中馆"。2020年正式开放的江西省图书馆新馆，在馆内建立的服务空间达1000余平方米，藏有近万册红色图书和近千种红色期刊，拥有10余个红色文化数据库的红色图书馆，紧紧围绕"红色"主题设置了文献阅览、场景体验、足迹追寻、记忆重温、文创展示、基因传承、江西宣传、影音欣赏8大特色区域，还配置有VR军事体验系统、球幕影院等高科技设施设备，这也是我国目前面积最大的红色主题图书馆。借助该红色"馆中馆"，江西省图书馆形成了引导公众研读红色文献、传承红色基因的阵地优势，成为江西省重要的红色精神宣传与红色教育的实践基地，也是红色旅游打卡热地。

另外，公共图书馆与红色旅游融合应重点关注青少年爱国主义教育，少儿红色书房是一种有效方式，是可以提供青少年儿童周六周日短途游的红色阵地。2020年，杭州图书馆与出版社共建"馆社合作教育基地"——浙江省首家少儿红色书房，该书房基于馆内收藏的红色文献资源及多种红色主题活动，搭建了少年儿童阅读红色文学爱国主义教育平台，也为浙江省少儿红色书房项目探索积累经验。

相比红色"馆中馆"，红色"馆外馆"建设不必拘泥于主馆的空间设置，有更大的发展空间与规划自由，有助于红色服务的延伸拓展。独立建设使其在建筑形式上有更多创新空间，可以树立图书馆红色旅游形象，发挥旅游观光的审美作用。目前，我国已有建设红色"馆外馆"的实践，如新疆首个党建图书馆——阿勒泰党建图书馆，是新疆红色旅游的"新地标"，提供红色电影观看、主题党日活动、红色图书阅览、党史展示等红色服务。阿勒泰地区还同步建设了能够辐射的县乡村3级、覆盖3000多个基层党组织以及4万余名农牧党员的党建图书馆体系,是重要的基层党员群众红色研学阵地。

2. 助力研学游

研学,顾名思义,即研究性学习,又可称为探究性学习。研学游是一种将学习、教育、阅读、旅游相结合,让参与者在阅读中学习,在旅行中体验,达到研究和学习的生活、学习、旅游方式。研学游模式早些年在国内外图书馆中都有过尝试,但未将其体系化。如日本浦安市立图书馆定期举办"文学散步"活动,对某部文学作品中所涉及的山川、河流、城镇、寺院等组织专题性探访和实际体验,加深读者对作品的理解,开阔读者视野。

研学旅游既不是单纯的旅游,也不是单纯的学习或研究,而是一种贯穿了学习、观摩、交流和游览等内容的教育方式,符合现代教育和旅游发展的新趋势,在当前文旅融合背景下也具有发展与实现的环境基础。在美国、日本、俄罗斯等国家,学校在节假日或周末组织在校学生到图书馆开展丰富活动是最常见的一项研学旅游活动,在校学生们也会通过暑期学校、夏令营、社会义工、打工、图书馆活动和旅行等方式度过暑假。

近年来,在文化大发展大繁荣的背景下,我国各地公共图书馆也掀起了一股研学旅游热,各地的少儿图书馆组织在校学生到图书馆研学已成为一项基本活动。研学游活动不仅能通过对旅游景区的文化解读加深人们对图书馆传统价值的认同,还能通过社会教育、活动组织、休闲体验等服务实现对图书馆现代功能的接受。此外柳英谈到了高校图书馆文旅融合的方式,包括研学旅游、文化旅游、观光旅游。高校图书馆利用自身的优势可研学旅游、文化旅游和观光旅游,比如高校图书馆可举办特色的文化活动进行文化旅游推广,高校图书馆可借助校园风景开展观光旅游。

案例一:国家图书馆"阅读之旅"的创意提出和成功实践,既为全国公共图书馆的文旅融合提出了一条借鉴之路,也为研学旅游创意项目的后续开展提供了良好的基础。2018年8月3日,由国家图书馆(国家典籍博物馆)主办、海淀区旅游发展委员会支持的"文旅·融合·创新—首届海淀区研学旅游季"系列活动启动仪式及研学旅游推介会在国家图书馆举办。2018年11月9日国家图书馆又举办了"文旅·融合·创新—首届海淀区研学旅游论坛",与会人员围绕研学旅游相关政策解读、研学旅游设计、师资培训等内容展开交流讨论,共同探索研学旅游的创新发展道路。研学旅游项目通过教育、交流的方式阐释了旅游胜地的文化内涵,在既发挥公共图书馆具有的教育、文化、交流功能的基础上,也展现了潜在的旅游功能。

案例二:"阅天下·邂逅图书馆之美"是由长沙图书馆发起,中国图书馆学会阅读推广委员会主办,全国各图书馆共同组织开展的一项文化旅游学活动,活动通过创新阅读推广模式,将阅读、旅行、学习、社会实践有机结合,加强人、书、馆、城的联系,让我们在阅读的同时体验、在旅行的过程中学习、在旅途中邂逅美好和幸福。活动自2018年启动以来,得到全国各级各类图书馆的大力支持,目前已在全国拥有14家活动承办馆、129家活动成员馆。截至目前,"阅天下·邂逅图书馆之美"活动已为超万名读者发放游学护照,累计发布主题帖2199条,阅读量128.1万,接受读者微博图文打卡1000余次,在线上线下同时掀起走进图书馆、打卡图书馆的热潮。

案例三:具有悠久历史文化底蕴和鲜明建筑特色的图书馆往往自身也是一个参观旅游景点,具有研学旅行的价值。图书馆建筑作为重要的公共建筑,在空间规划、功能设计等方面颇为考究。以美国波士顿公共图书馆为例,该馆主要围绕其著名的中央图书馆建筑。针对学生的研学旅行,波士顿公共图书馆设立了专门的办公室进行接洽,提前3周预约。还有圣路易斯公共图书馆,该馆万神殿、梵蒂冈和米开朗基罗劳伦森图书馆所藏的意大利文艺复兴时期艺术复制品也具有参观价值。该馆针对学生群体,也安排了儿童图书馆分馆和青少年活动室作为接洽部门负责相关事宜。

美国中小学生的研学旅行虽然没有规定要安排在暑期,但多数在暑期开展。为了促进研学旅行对图书馆资源的利用,很多图书馆将研学旅行教育服务融入了图书馆暑期阅读推广计划中。波士顿公共图书馆在暑期以"伟大的户外"为主题推荐了与自然遗产、露营、野外生存相关的书籍。美国俄亥俄州托莱多·卢卡斯县公共图书馆以"让孩子们到户外去学习自然和科学"为主题推荐了大量研学旅行相关书籍,主要涉及如何在自然界中向孩子传授知识和技能等内容。

3.开展多主题活动

案例一:开展会展旅游活动。近年来,在公共图书馆文旅融合建设的倡导下,我国曾开展了一系列的国际会议与学术交流活动,同时还创新了会展旅游活动。2018年10月17~19日,上海城市图书馆就以"图书馆,让社会更智慧更包容"为主题开展了第9届上海国际图书馆论坛。会展项目邀请了国际图联主席参加,与此同时,还有超过20个国家和地区的代表出席了论坛会展旅游活动。本次会展旅游活动的实践初步实现了文化传承与发扬的功能,为参与活动的游客与各国代表提供了优质的文化服务,为今后公共图书馆文旅融合的发展打下了基础。实践中,公共图书馆通过对其馆藏文化资源进行创意开发,与旅游产业融合发展,实现了文化效益、社会效益和经济效益的统一。

案例二:开发与设计颇具图书馆特点的文创产品。美国国会图书馆依托其馆内文化资源,研发与原物文化内涵相关的书扇、耳环饰品、玩具等文创产品,其独特的设计使之成为诸多游客争相购买的文创产品。英国国家图书馆依托其丰富的馆藏资源,借助其发达的文化创意产业,根据读者或者游客的需求开发具有英国文化特色的文创产品,其中,"圣诞主题系列文创""爱丽丝主题设计"等都受到了读者和游客的热捧。澳大利亚国会图书馆更加注重将其历史文化融入文创产品设计之中,其创作设计的老建筑明信片等创意产品成为游客寄送朋友的"珍贵礼物"。

2019年,我国国家图书馆在纪念110周年中开展了"新文创新阅读"活动,通过对其馆藏《永乐大典》等古籍资源进行创意开发,展示了古籍之美和历史之美,吸引了大量包括游客在内的文化消费者;其推出"漂湘流彩"线装笔记本体验套装,成为读者和游客珍藏的"创意古籍"。湖南省图书馆以"讲好湖南故事""讲好湘图故事"为抓手,不仅成功注册"难得湖图"文创商标,还开发了动漫形象"湘湘"和"图图",创作设计了馆藏古旧字画高仿品、竹蜻蜓等玩具产品、室内挂件等生活装饰用品,以及漂亮书签、俏皮可爱的湘图学霸笔等学习用品系列,成为湖南文旅的"创意新地标"。

实际上,图书馆与文化创意产品的融合,目前主要以图书馆馆藏资源中的文字、图片、照片等作为文创产品的开发元素。如台山市图书馆推出的明嘉靖版本《新宁县图经》、莆田市图书馆根据本地方言童谣和莆仙戏脸谱所制作的明信片与书签、南京图书馆依照明代金陵派木刻画《金陵图咏》制作的文件夹等,这些图书馆文创产品皆蕴含了地方文化特色,既新奇别致,又不失传统意蕴,兼具实用性与趣味性,实现了对馆藏资源的活化利用,传播了地方特色文化。

案例三:开展形式多样的阅读推广活动。图书馆是全民阅读的重要阵地,应立足于馆藏资源,做好书目推荐和参考咨询等工作,同时基于"分众阅读"理念,可考虑通过专业化、精准化阅读推广,为来馆者提供富有地方特色的旅游服务,让阅读成为主客共享的美好生活方式。"书香江宁·跟着大学老师读经典"是南京江宁区图书馆打造的经典阅读推广项目,自 2018 年始,江宁区图书馆创新尝试将阅读资源和旅游资源相结合。在推出的六期活动中,每期活动都在经典阅读书籍内容中增加了本地旅游景点的讲座和实地走访。在活动走访环节增设了江宁名胜等特色文化旅游景点,共走访了江宁袜陵杏花村、南唐二陵、金陵水乡钱家渡、杨柳湖社区前杨柳村、紫清湖湿地公园、江宁金箔艺术馆 6 处人文景点。在活动讲座中邀请有关资深江宁旅游资源研究学者作为讲师,将江宁特色文化旅游资源作为拓展内容深入浅出地进行解读,为读者了解和领悟江宁地方人文知识注入了文化内涵。同时,为了强化江宁区域文化宣传影响,增添阅读推广的成效,在微信中也增设了"江宁文体旅"专栏,搜集整理了具有江宁特色文化的旅游资源,通过编撰二次文献,将有血有肉、个性丰满、丰富灿烂的江宁文化分享给广大读者,让读者亲近了解江宁的区域人文特色内涵,吸引更多读者和游客游览江宁风景名胜,参加阅读活动,激发更多读者对江宁文旅资源的兴趣,实现文化和旅游的双向促进。

三、"功能+"模式的优缺点

以借阅功能为主的图书馆的发展模式已经无法满足公众丰富多彩的精神文化需要,文旅融合背景下,图书馆的"功能+"模式不断拓宽服务路径和服务内容。例如,在图书馆的研学服务过程中,不仅使读者满足文化教育的需求,让读者收获更多的快乐和知识,还承担了美育、德育、社会教育的功能与价值。此外,"功能+"模式还促使新时期图书馆的相应基本职能都有着不同程度的深化和拓展。

首先,整理研究文献资料作为图书馆本职功能之一,拓展挖掘馆藏文献资源的深度和广度为其融合发展提供了独特的优势。文献资料的整理和研究开始有意识地着重对当地地方特色及旅游资源的文献进行梳理,整合特色旅游信息,打造城市文化名片,分主题打造以满足公众不同的文化需求,让读者及前来参观的游客在了解当地特色文化旅游资源的同时,提高人们对当地其他旅游目的地的兴趣。同时,图书馆注重利用丰富的馆藏文化资源开发种类多样的文化创意产品,例如珍藏书刊、年画和日历的影印本等,在科普和传承历史文化的同时,增加了其产品的经济附加值。

其次,文旅融合深化和扩展了图书馆的休闲娱乐功能。图书馆受众范围扩

文旅融合视阈下图书馆发展研究

大,对其公共服务水平有了更高的要求。图书馆转变工作思路,不断从馆藏图书中解放出来,以公众需求为中心,将图书馆的全域服务与旅游相结合,增添影像厅和讲座学术报告厅等互动区域,更好地发挥图书馆开展社会教育的功能。

最后,文旅融合使图书馆增添了旅游的功能。虽然以往也有图书馆与旅游融合发展的探索,但其过程中仍存在着行政的约束。文旅融合后其打破自身封闭状态,打破时间和空间的界限,使图书馆走出去,以图书馆功能延伸等多种形式融入旅游要素,努力实现资源互补,各自优势互相推动,实现融合发展。

然而,文旅融合给图书馆迎来了全新的发展机遇,但在融合过程中又存在着一定程度的问题。

首先,民众参与文旅融合服务的积极性较低。当前的文旅融合服务,"功能+"模式等针对的服务人群都是以团体名义享受服务,民众真正参与文旅融合服务的积极性较低。图书馆+研学是面向学生,由学校统一组织参与的服务活动;图书馆提供的文旅融合服务都是实地场景式服务,需要大众前往固定地点接受服务。这与当前大众通过手机、电脑就可以点餐、购物、阅读、看电影等虚拟场景服务完全不同,大众均沉迷于手机、电脑带来的极大便利中,享受着"足不出户"的体验。

其次,各类文化活动对民众没有足够的吸引力。现实情况中的文化和旅游产业,一方面是旅游产品竞争激烈,图书馆的文化创意产品存在文化内涵挖掘不充分,吸引力不足,营销能力较弱,同质化现象严重的现象。旅游项目同质化严重,缺乏内涵和文化。另一方面是当前推广的文旅融合服务对大众的吸引度非常低,并不被市场广泛接受。文旅融合服务发展依然亟待创新,亟待开发出真正让大众感兴趣、积极参与的项目。

最后,旅游功能知晓度低。随着现代社会人们对于高层次精神生活水平的追求,每年外出旅游的人数越来越多,但是以公共文化场馆为目的地的选择仍在少数,其主要原因在于公共文化场馆旅游功能的开发和宣传工作不到位,致使其知晓度相对较低,没有引起广大人民的关注。旅游功能的魅力目前还未得到充分展现,没有充分利用抖音、微博、微信等多种传播平台对场馆馆藏及活动进行多元宣传。

第三节 "＋X"模式

一、基本释义

在文旅融合背景下,图书馆正改变传统的"阵地式"服务方式,主动以市场需求为目标,打破物理空间合作发展的瓶颈,不断向馆外延伸和拓展服务空间,由旅游景区提供场地、图书馆提供图书资源和借阅机等硬件设备等,正逐步以书为媒,通过交流旅行方式参与文娱活动,通过文化发现创造价值与旅游体验分享价值的有机结合,打造旅居生活综合体,促使游客在游览景区时,可以同步享受到免费的阅读资源等服务,全方位体验图书馆的无限活力。

由于图书馆(文化发展)领域与旅游发展领域分别是 2 个庞大的系统,两者在各自的发展轨道上又具有常年积累下来的发展逻辑和思维惯性,两者之间的融合涉及观念、制度、机制、市场、人等多个方面,文化旅游融合发展问题是一个长期性、战略性任务,需要文化和旅游领域的政、产、学、研、媒的协同努力,这也正是"＋X"的价值所在。

"X"是文旅融合新时代所产生的互联网、民间组织或者新兴业态等新生事物和现象的代名词,简单来说就是将图书馆元素充分依附在各种文化产业和旅游事业中,通常而言可理解为"图书＋"模式,即依托图书文献资源建立特色主题空间,扩展和延伸更多可能服务。如打造集阅读、文创、科技、非遗体验等于一体的场馆阅览空间等等,或者探索或推行"＋X"融合模式,把服务活动与乡村振兴、农文旅融合发展深度融合,最大限度地发挥图书馆的作用,不断提高服务效能,打造图书馆文旅融合新型"名片"。

二、"＋X"模式的实践案例

案例一:"＋科技"模式。近年来,中国互联网出现了极速发展,存量网民数量已超过 7 亿人。7 亿人的网络带动了新兴技术的发展,网络内容和网络文化的繁荣。这些新兴技术包括 5G、大数据、云计算、移动互联网、人工智能、虚拟现实(VR)、增强现实(AR)等,每一项新兴技术都在深刻改变着文化发展的路径。这些技术的发展趋势使得产业要素多元化发展;软件平台向服务与泛终端延伸,操作系统技术演进逐步趋同,移动芯片全面升级,智能手机格局逐渐改变,传感和显示技术将加强,可穿戴设备核心技术再创突破。

现代科学技术也将与图书馆紧密结合,推动数字图书馆平台和智能化服务建设。例如,Peta Hopkins等阐述了图书馆的音、视频,照片等文献资源的移动数字化及其如何有效参与文化旅游建设的路径。Nwachukwu等论述了通过信息通信技术为酒店业提供的图书馆扩展服务以发展地区旅游。广东与天津、山东等多省份公共图书馆展开长期合作,在司机车上创建了文献上传以及咨询方面的无缝对接,覆盖全国所有省份。广东省在智能化建设中不断加大力度,除投入资金创建自助借还等设施之外,同时在智能图书馆方面也投入大量资金,超过87.16%的地市级馆拥有了基础智能化设备,同时已全面展开智能化管理;接近85.72%的县级馆已经开始启动信息化服务系统,同时借助总分馆制进行全面管理,以此为基础创建自助借还等相关设施和服务。

云计算、大数据、人工智能等新技术的发展使得智慧化技术不断融入各行各业,智慧文旅是文旅融合背景下的新发展方向,而智慧图书馆作为图书馆事业的创新发展平台,需探索新技术下的创新模式,智慧文旅与智慧图书馆的融合发展为图书馆拓展阅读推广路径、创新阅读服务渠道提供新方向,进而也为文旅产业下智慧旅游的推广提供新目标。智慧文旅与图书馆的融合需借助新技术力量,包括智能化设备的信息收集、云平台下数据的安全性保护和分布式处理、人工智能下数据的挖掘与深度学习、智能算法下信息的关联与分析等,新技术为智慧文旅与图书馆的互融互通提供创新路径。

"图书馆+数字文旅"的融合运营模式。2019年11月22日,在第四届中国旅游IP高峰论坛暨第十届驴妈妈全球合作伙伴大会上,"5G+智慧文旅产业"联盟成立,进一步构建和深化文旅产业联盟的命运共同体,促进智慧文旅快速发展,为"图书馆+数字文旅"融合运营模式的落地实践提供了驱动力。目前,"图书馆+数字文旅"的运营模式逐渐兴起,以新兴技术赋能为用户提供精准服务,为文旅融合背景下的图书馆创新运营提供了更多的可能路径。2020年4月,浙江省公共图书馆线上读书月系列活动正式启动,该项目结合"书香浙江"的建设要求,打造"四条诗路",以微视频、有声阅读、地标阅读打卡、诗词交互体验等数字文旅活动形式实现"云游浙江"。广州图书馆的"云游德国"、湖北省图书馆的"云春游"等活动也在2020年上半年相继推出,为用户带来了前所未有的数字文旅新体验。

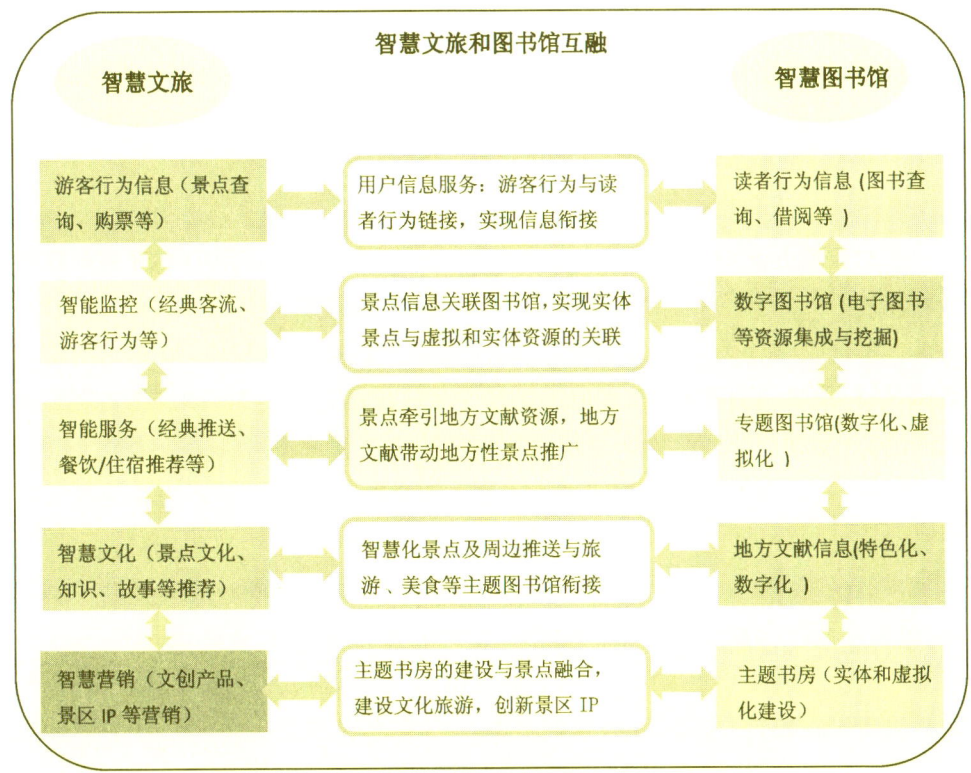

图 5-2 图书馆与智慧文旅融合创新服务模式

图书馆也可以依托互联网开展"互联网＋"活动,陕西省图书馆依托云技术建设的"智能文化云地标",让数字化服务突破原有图书馆服务半径的限制,更好地助力于陕西省全域旅游服务;内蒙古自治区图书馆与新华书店合作的"你看书,我买单——我的图书馆,我做主"的"彩云服务",让读者可以在书店借阅图书;湖南省文化和旅游厅打造的一站式公共数字文化平台——湖南公共文旅云,通过网站、微信公众号和 APP 等多种接入方式为用户提供"一个平台进入、一个平台预约、一个平台获取、一个平台评价"的文旅活动以及场馆预约、活动直录播、资源点播、全景展示、艺术普及等服务。冯继强等从技术角度探索"JG＋智慧文旅",图书馆通过与已有 JG 建设经验的硬件供应商、电信运营商和旅游企业等合作构建起一个文旅产业命运共同体,形成文旅融合发展的生态模型,为智慧文旅在服务体验、智慧管理、营销能力等方面带来新的价值。

案例二:"＋乡村振兴"模式。以空间为依托的乡村场景,既是乡村文化的载体,也是乡村旅游的重要吸引物。每一座乡村在历史发展的过程中都形成了独特的文化基因,具有独一无二的文化特质。乡村文旅融合首先要理清自身的文化脉络,精准定位文化特色,挖掘核心文化元素,发挥乡村文化的审美属性;然后从"创意阶层"这一乡村旅游主力军的需求出发,分析其对乡村文化和价值观的具体诉求;进而将文化转化为场景化的符号来构建乡村文化消费空间,让游客在乡村文化场景中获得审美化的生活体验。

乡村旅游是工业化时代伴随着人们对追求自然、回归田园的心理需要而产生的旅游方式。作为传统文化的重要承载地,乡村蕴含着丰富的文化基因,是旅游者开展文化消费的重要场所。因此,在乡村的文化空间内,以文化活动为载体,以村民参与为驱动,以文创赋能延伸乡村旅游价值链为动力,是实现资源到产品、产品到产业和事业3个层次共同助推乡村文旅融合的重要路径。

例如,农家书屋与乡村旅游融合发展。潘家村位于浙江省嘉兴市秀洲区新睦镇南端,距离乌镇景区10千米,嘉兴市市区5千米,区域面积4.06平方千米,耕地总面积约2259平方千米,常住人口2036人。历史上的潘家溪村以牲畜、蚕桑等传统农业为主,村庄环境差、违章建筑多,因产业落后在2012年年初村集体经济还处于倒挂状态。2013年退伍军人章何兵接棒潘家溪村支书,根据村里水系发达、河网密布、历史遗迹和江南传统农耕文化保存完好的实际情况,以"美丽乡村"建设为契机,带领全村人民同心共筑"新村梦",迈开了全域治理旧貌换新颜、发展乡村旅游致富帮脱贫的步伐。

经过几年的建设,潘家溪村形成了以景区村庄为核心,集餐饮住宿、田园观光、农事体验、文化休闲、健康养身为一体的全域旅游集散小村,昔日的落后村已成为全国文明村、浙江省3A级旅游景区村庄和嘉兴唯一入围的第一批全国乡村旅游重点村,吸引了大量的游客。潘家浜礼堂书屋伴随着"美丽乡村"建设的步伐应运而生并不断发展,是一家"四位一体"(农家书屋、嘉兴市图书馆村级图书流通站、家风馆、农耕文化馆)、积极推动乡村阅读、振兴乡村文化、助力乡村旅游的特色书屋。书屋位于景区村庄外围、集镇别墅规划小区中心的村文化活动中心二楼,馆舍总面积近350平方米,设有古农具(器具)展示区、成人阅览区、少儿阅览区和电子阅览区,有专职管理员2名,馆内存量图书总量保持在7500册左右,实行早8点到晚8点的全周日天开放制,共有阅览位45座,电脑10台,协助村级文化专管员做好文化礼堂、村文化活动中心其他服务工作。

案例三:强化增值服务能力,扩展多样态服务形式。目前虽然"文化"和"旅游"的管理已统一于"文化和旅游部",但也必须正视文化事业与旅游业仍存在不同的管理、运行机制,有些制度法规壁垒,乃至思维惯性还有待突破,但一些工作机制可激活优化。如文旅部门的各直属单位如图书馆、博物馆、文化馆、文化企业、旅游企业等在工作上可开展合作,共同推进文化和旅游的深度融合。图书馆与博物馆合作,两者都有保存人类文化遗产、传播文化及开展社会教育的职能,图书馆是"保存"与"利用",博物馆是"保存"与"展示","展示"将文献资源被动地提供给游客,"利用"让用户主动地通过文献资源深入了解文献内涵,两者相辅相成;图书馆与文化馆合作,文化馆是开展群众文化活动的场所,用来举办各类文化活动、展览、讲座与培训,也有收集、整理、研究非物质文化遗产的职能,两者存在着共性,也能很好地开展合作;图书馆和文化企业的合作,图书馆和书店、文创企业合作,也存在着一定的内部关联,能很好地进行合作,如一些图书馆和书店合作,进行"你读书,我买单"活动;一些图书馆利用馆藏特色资源进行文创产品开发,为文创企业提供创意产品设计。

温州市图书馆探索以书为媒,以数字赋能、场景营造等多样化的科技、艺术形式打造"文旅融合·智享生活"图书馆特色阅读空间。该阅读空间注重将图书馆藏文献推介和旅游文化资源宣传推广相融汇,开创了"走读古建筑"主题空间,同时将温州著名的旅游景点如"江心屿""泰顺廊桥"等非遗古建筑模型与摄影作品引进阅览区,将艺术审美感带入阅读空间;结合空间主题开展城市记忆,同时结合 20 余幅本土画家麦浪的相关建筑绘画作品对温州名人及故居旧居进行展示,打造了一场行走在阅览室即可"游览"名人故居、"寻访"温州名人轶事的旅游微体验;打造"瓯菜"文化记忆空间,开设了饮食文化专架,向读者推荐《中国瓯菜》《瓯馐:浙南遗产》等关于本土饮食文化的图书。在空间的特别位置摆设了各种形状、不同年份的瓯菜器皿和一个精美大展台,摆放着龙凤蝴蝶盘等名厨大师的经典代表作模型,还搜集了瓯菜故事,向读者转述"温州菜及典故"。

四川省图书馆与人民日报社四川分社签署"人民大讲堂"战略合作备忘录,打造丰富立体有趣的"线上+线下"文化体验模式;与新华文轩合作共建"四川历史名人文献馆",既弘扬地方文献,又跨界打造文化氛围浓郁的文化场所。四川省南充市图书馆与成都中医药大学图书馆、四川省社会科学研究院图书馆等全国高校图书馆签订战略合作协议,开展馆际文献交流、搭建资源共享平台、深化合作渠道,开启公共图书馆与高校图书馆合作新模式。

此外,图书馆有望成为游客与旅游目的地居民交流的据点,并以此为原点促进产业发展。胜沼是日本最古老、最著名的葡萄产区,也是日本葡萄酒的发源地。山梨县甲州市立胜沼图书馆于 1996 年 11 月开馆。该馆针对近年来颇受欢迎的葡萄酒旅游,主要向游客提供有关"葡萄"和"葡萄酒"的剪报信息,印制了甲州市所有酿酒厂的资料图册,举办试饮活动等主题活动,促进产业发展。

三、"+X"模式的优缺点

在文旅融合背景下,"X+"模式是贯穿旅游全场景、全链路和新赛道的源泉,是图书馆发展的重要趋势之一,也是契合游客信息获取的创新服务形式,是实现"图书馆""游客"及"X"三者共赢的优化模式。这种服务模式最大的优势在于极大地扩展了图书馆的服务范畴,同时将成本最小化,共创文旅新赛道,但囿于图书馆的管理运行体制、资金监管制度、人员配置等限制,需要在创新合作引入市场机制等方面加大改革创新力度。

首先,文旅融合发展意识尚未得到充分认识。从以往发展状况来看,似毫无关系的图书馆和旅游现在实现融合,使得图书馆服务领域得以不断延伸与拓展,对图书馆人提出新的要求和新的挑战。但目前大多数图书馆将馆藏文献资源的管理和利用作为重中之重,文旅融合意识淡薄,缺乏"文化+旅游"的理念,不愿意尝试探索文旅融合的新路径与新方法。故此,图书馆要创新发展理念,开创适应高效、数字化、智能化时代的服务模式,借助国家文化公园体系建设、美丽乡村建设、乡村振兴建设等重大战略,以公共文化建设与服务为核心,以旅游发展为路径,精心设计融合发展的顶层框架,采用新技术、新手段,逐步寻求与旅游等行业的对接、融合,探索更加成熟的服务模式,逐步形成图书馆文化资源与旅游资源相互促进、相互融合和持续发展的良性循环服务模式。

其次,"新读者"的多样需求尚待挖掘。在文旅融合趋势下,图书馆在读者构成、服务内容与服务手段上都发生了巨大的变化。而文旅融合背景下的这些"新读者"是一个动态变化的群体,他们的需求更加多元化,有着更强的流动性与变化性,更喜欢在互动与体验中学习。这就要求对"新读者"进行分类研究,满足"新读者"的新需求,使每一位"新读者"都能在图书馆里得到其想要的文化服务和体验。然而,现阶段多数图书馆专业人才资源稀缺,很多县级公共图书馆的人员没有研究生以上学历的高技术人才,应对现有的工作人员大力开展专业素质培训,创新激励机制激发图书馆工作人员的工作动力,调动工作积极性,提升为公众服务的热情。

最后，多元的文化功能尚待开发与丰富。图书馆文旅融合建设中，对文化活动品牌项目的忽视，导致此类项目的执行范围狭窄，品类单一，缺少文化特色。当旅游产业缺乏特色品牌活动时，其开展文化活动项目的长远性和可持续性相对降低，从统筹的角度看不利于图书馆文旅融合的长期发展。图书馆虽顺应机构改革进行了相应的职能调整，但在实际的工作中仍需时间探索。公共图书馆总分馆制建设虽已实现，但其各自功能发挥程度强弱不一，应加快推进图书馆总分馆制和法人治理结构建设，按照群众文化需求和基本知识水平分类建设图书馆分馆，结合当地条件建设图书馆的体验点。

第六章　图书馆文旅融合发展的路径选择

　　文旅融合为图书馆的服务创新发展提供了多种路径选择,图书馆可以根据自身的特点、优势及实际情况来选择适宜的创新路径。由于图书馆领域的文旅融合服务属于整个文旅融合大范畴,且文旅融合的实质内容适用于诸多行业领域,因此,从文旅融合实质的角度寻找文旅融合背景下图书馆服务创新的切入点,具备一定合理性和诸多可能性。为此,最大程度发挥图书馆文化属性与满足旅游者文化体验成为图书馆服务创新的工作思路,图书馆服务创新工作可以从挖掘象征意义、营造意义场景、重视文旅消费的符号意义、助推游客文化情景感知等方面切入和操作,寻找文旅融合背景下图书馆服务创新的突破路径。

　　当然,不同类型图书馆的实际情况不同,可选择的创新路径也并不是只有一条,条件许可的图书馆可以同时选择多条路径实施服务创新。该章节提出内容生产是基础,价值向导是核心,多元赋能是关键的"三位一体"发展路径,这三者互为关联,协同共促(图6-1)。即以内容为基础打造高品质图书馆文旅融合服务"产品",以多元赋能为关键举措创新图书馆文旅融合服务链,以价值导向为核心强化图书馆文旅融合服务内涵是新时代图书馆文旅融合服务创新的重要路径选择。

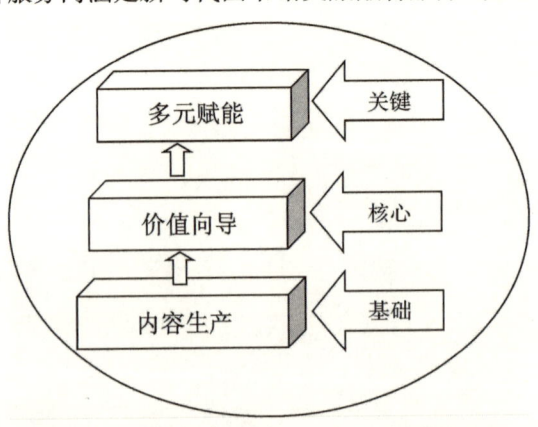

图6-1　图书馆文旅融合"三位一体"发展路径

第一节　基于内容生产的图书馆文旅融合发展路径

内容不仅仅包括一切与文字相关的文献,还指互联网产品的显性基础元素,例如文字、图片、音频、视频等,以及他们之间的排列组合而形成的新"产品"等等。图书馆文旅融合服务过程中,文献资源描述、组织、整合及建设等相关的一系列服务活动皆称为内容生产。内容生产不同于一般意义的资源建设,内容生产更偏向于资源的专、精、深,更注重资源的个性化和创意性。

一、挖掘特色文化,构建图书馆文旅资源新体系

1. 文化与特色文化

《文化统计框架2009》将文化定义为,某一社会或社会群体所具有的一整套独特的精神、物质、智力和情感特征,除了艺术和文学以外,还包括生活方式、聚居方式、价值体系和传统信仰。可见,文化是与自然相对的概念范畴,其内涵丰富,包括了人类生活发展过程中融入人类精神和非物质要素,是人类发展的结果,也是人类发展的象征和表达形式。

特色文化是指类型独特、民族或区域特征明显、传承甚少或濒于湮没、价值极高或技艺精湛的各种文化形态。它既包括有形的物质文化,也包括无形的非物质文化,作为文化遗产,它涉及文化成果、文化活动和文化精神3个基本的层面。特色文化是图书馆文旅融合服务的核心力量,在文旅融合实践中对各馆的文化特色进行提炼、学习和吸收,有助于推进图书馆的特色化发展。以文旅融合为前瞻性发展方向的图书馆都应具备其自身的文化特色,并通过文化特色的主心骨作用来支撑文化旅游融合发展。

文旅融合视角下,吸引游客的图书馆特色主要有以下4类:①建筑设计特色。如被美国《时代周刊》(*TIME*)评为"2018最值得去的100个地方"居于榜首的天津滨海新区图书馆,立意"滨海之眼",已成为天津的城市文化新地标,许多游客慕名前来,是近年来最具营销力的网红图书馆。②服务品牌特色。如因向拾荒者开放而成为网红的"最温暖图书馆"——杭州图书馆,打造的"YUE杭图"品牌和总分馆与主题分馆模式,已成为全国公共文化服务体系中较为成熟和知名的品牌模式,现成为杭州市民文化休闲生活中不可缺少的一部分。③地域特色。如云南省图书馆打造的"普洱茶文化图书馆"联合当地知名茶企"大益"在弘扬云南普洱茶文化方面发挥了积极作用。④人文特色。如被称为"最美乡村图书馆"的云南腾冲和顺图书馆,以胡适、熊庆来、廖承志等文化大家的藏品承载了一方厚重的历史文化与人文情怀。

2. 图书馆特色馆藏资源是特色文化的重要体现

图书馆的特色馆藏(特藏)资源,是指为了收集、保存和利用某一种形式的文献(如缩微资料、声像资料、线装图书、专利文献、学位论文等)、某一专题领域的文献(如家谱资料)、某一时代的文献(如民国时期出版物)、某一地域的文献(如地方文献)、有关某一个人的文献(如岳飞研究资料)、珍贵文献(如古籍善本)、易损坏文献、有某种特定价值的文献等而专门建立起来的收藏。特藏资源体现的是各馆文献资源的差异性、稀缺性和不可复制性,是为读者提供个性化、多样化服务,展现图书馆人文特色的窗口,是具有不可替代性的一项"核心竞争力",也是文旅融合背景下,图书馆将专业资源优势转化为旅游资源亮点吸引民众的一个着力点。

特色馆藏不仅仅指古籍、善本等,凡是有别于其他图书馆的个性化、特色化收藏都叫特色馆藏。图书馆的特色馆藏与高校图书馆特色馆藏在内容上有所区别,主要指本地区在历史、地理、人文等方面形成的特色文献资料。馆藏形式不限于图书、报纸、期刊等,图片、照片、影片、画片、唱片、手稿、票据、拓本等都可成为特色馆藏一部分,简而言之,图书馆的特色馆藏以地方文献为主但不限于地方文献。特色馆藏对于发扬和传承本地区特色文化,助力文旅融合有重要作用。譬如,将内生性文化资源打造为传统民俗文化、红色文化、生态文化等多类型的特色旅游景点,提升乡村旅游的文化内涵。

3. 基于特色文化挖掘的图书馆文旅资源新体系建设措施

首先,在馆藏资源中找准地域文化符号的点、线、面,推动地域文化符号纵深发展。庞杂、多样的地域文化资源,往往以碎片化、分散化的形式呈现在社会公众面前。关于同一文化的记载也多以民间传说、历史遗迹、文献典籍等形式被记录和流传下来,分散在不同时间、地点、载体中的同一主题内容便是地域文化的点。图书馆可将这些相同或相近的点,根据作者要表达的核心内容梳理成不同的线,再进一步连线成面,搭建起脉络清晰、主题鲜明的网格框架,以点、线、面结合的方式,提供给社会大众。目前,已有许多图书馆将地域文化的点、线、面进行有机结合,以加强地方文化资源保护及开发利用为目标,建立了体系完整、地域特色鲜明、展现民俗文化的专题数据库,如首都图书馆建有"北京记忆""明清北京城垣资源库";浙江省图书馆建有"越剧资料库"等。这些特色资源挖掘与建设一方面提高与完善了馆藏地域文化资源建设,实现了图书馆参与地区文化遗产保护、传承及提供利用的重要社会职能;另一方面向读者完美展示了独特地域文化的魅力,对推动地域优秀文化资源向深层次发展、提升城市文化软实力起到了积极的作用。

其次,找准文旅契合点在馆藏中的对应项目,以精准信息服务丰富地域文化符号内涵。文化的生命力在于传承,在于借助市场的手段获得关注。近年来,各级地方政府都较为注重利用本地特色旅游资源带动经济快速发展,如广东省利用古驿道文化资源,打造贯穿广东全省、串联1200个人文及自然发展节点的古驿道生态文化旅游项目,用厚重的历史和醇厚的文化为游客带来全新的旅游体验,通过"古道经济"来富美乡村。因此图书馆应主动走出去,深入社会,找准地域文化符号与旅游项目的契合点,寻找符合其地域文化符号特征的馆藏资源项目,变被动服务为主动服务,使封存和静止的文献信息资源动起来、活起来,使图书馆信息服务可以更精准、更高效。例如,近几年铁岭市图书馆将信息服务主要工作相对集中于满族风情文化、地域历史文化建设等方面,针对明清及满族风情文化旅游项目进行了重点跟踪及信息供给服务,如在国家AAA级旅游景区——"满族人家"建设及后期服务等方面,查阅了《清代柳条边》《清史稿》《铁岭县志》等大量馆藏历史文献资源,提供了符合历史实际的建设性意见,特别是景区内的多处楹联、历史知识介绍等;在西丰城子山山城开发中,通过《西丰文史资料》《满族通史》《奉天通志》等馆藏资源,为其提供了精准的信息供给服务,为地域历史文化资源与旅游项目的融合发展提供了深厚的文化内涵。

再次,结合时代元素和社会主旋律,用文化符号讲好地域文化故事。在推动中华优秀传统文化创造性转化、创新性发展的过程中,图书馆应坚守中华文化立场,坚持"二为"(文艺为人民服务、为社会主义服务)方向,坚持"双百"(百花齐放、百家争鸣)方针,将地域代表性文化与时代元素和社会主旋律相结合,以群众喜闻乐见的方式展示时代发展需求的信息资源,使人们通过可观、可读、可品的方式了解地域文化,充分发挥图书馆的桥梁纽带作用。如铁岭的地域文化符号——银冈书院,由铁岭流人郝浴创建于清朝顺治年间,作为东北地区仅存的、保存完好的古代书院,在其360余年的发展历程中,始终秉持"行教化于

文旅融合视阈下图书馆发展研究

是邦",为铁岭培育了大批英才,其紧随时代发展的教育理念,促进其在传承和弘扬中华优秀传统文化等方面作出了突出贡献,现已成为省级爱国主义教育示范基地、省国防教育基地、辽宁中共党史教育基地、红色旅游精品景点。坚持新时代图书馆地域文化服务发展的守正创新,讲好地域文化故事,传播好地域文化声音,向中国乃至世界展现地域文化的特色内涵,搭建文旅融合底蕴平台,是增强群众理想信念和文化自信的重要保障。

最后,推进文化旅游数据系统建立,完善旅游资源数据库。随着信息技术的不断发展,我国已然进入了信息化时代,信息技术的普及改变了人们的生活和生产方式,各领域也不断增加对信息技术的应用研究,信息技术还能够推动产业的升级与转型,其技术水平的发展方向都会影响各行业的发展趋势。因此,图书馆的发展以及服务方式也应该实现多元化、信息化,可以增加数字文旅图书馆的建设,采用线上线下借还书结合的方式进行运营。因此,图书馆应该在存储记录的基础上进一步对文献资料的信息进行归纳和整理,建立文化旅游信息数据库,同时创建一个现代化管理服务平台,为旅客提供高效便捷的检索功能。这样的发展方式能够促进当地文化的宣传和发扬,游客能够通过数字信息的浏览增进对旅游景区的文化了解,从而促进我国传统文化的发展。

二、建设主题图书馆,开展多样化文旅服务

1. 主题图书馆的概念

我国图书馆界对主题图书馆的定义既有共识,也有细微差别。王世伟认为,主题图书馆是通过特定领域专藏和服务来满足人们对专类知识和信息需求的图书馆,本质特征是"某一特定领域的专藏",对应英文为"special library",主题图书馆与专门图书馆同中有异。周德明认为,主题图书馆和专业图书馆在馆藏、服务和馆员的专业性等主要特征上无甚差异,在国外有"theme park"(主题公园)之说,无"theme library"术语和类别,两者的细微区别在于机构从属性和服务对象确定性方面。柯平认为主题图书馆也可称为"主题文献馆",是为满足读者对主题文献信息的需求、围绕某一特定的主题组织馆藏资源并开展多样化的服务、实现图书馆功能的一种新型图书馆,并认为将"special library"翻译为主题图书馆是不正确的,同时认为王世伟教授的观点扩大了主题图书馆的范畴。虽然不同学者对主题图书馆的定义有细微差别,但可以明确的是,主题图书馆通过收集和强化某一主题的专业文献和知识服务,为用户提供鲜明的主题服务,从而促进阅读推广和文化普及,体现差异化服务的理念。

主题图书馆既不同于国外的专业图书馆,也不同于国内的特色图书馆,自身具有3大特征:专业馆藏丰富、读者需求特殊、馆员能力专业。熊军、李英等提出了构建主题图书馆的五要素。目前图书馆界的学者们在对主题图书馆的界定上,都突出馆藏资源的特定性、特色性,读者人群的特殊性、专业性,服务模式的主题性,由此可见主题分馆是针对某一特定主题而建立的图书馆的分馆。或者可以说,构建主题分馆特色馆藏资源是基础。图书馆不仅要保护好、挖掘好、利用好现有的特色馆藏,还要不断挖掘本地区、本馆特色的专业性馆藏资源。首先要找准特色馆藏,明确馆藏资源的特色性,下一步就是选择确定一个什么样合适的主题进行建设,最后选择分馆馆舍进行建设。

主题分馆是总分馆服务体系的一部分,既要提供普遍均等服务,也要提供高质量的主题特色服务,通过高质量的特色主题分馆服务提升普遍服务的层次和质量,既服务了普通读者也服务了有专业需求的读者。主题分馆面向大众的公共文化机构的本质是不变的,只是为了提升文化服务品质,合理利用本馆馆藏文献信息资源,凸显某一主题,依托特色主题文献信息资源来提供深度服务的图书馆分馆。

旅游主题分馆则是指通过特定领域(某一主题领域或数个主题领域)的专藏和服务来满足游客对专类知识和专门主题信息需求的图书馆。旅游主题分馆通常集中有关一个主题的各种载体的资源,在图书馆建设和服务中体现主题元素。上海市图书馆的诸多特色分馆、杭州图书馆的特色主题分馆以及甘肃省图书馆的四库馆等,都成为我国公共图书馆主题分馆建设中的典范。此外,主题分馆的建设还有助于提升一座城市的文化品位,丰富城市的文化内涵。

表6-1 主题图书馆的主要特征

主要特征	特征说明
主题化	紧密围绕某一主题搜集、整理组织文献资源,尽可能"应全尽全"地将所有有关于设定主题的多学科、多领域的传统纸质文献、音频视频文献或新媒体文献做收集、排架和利用。因此,主题图书馆在文献内容上较一般专业图书馆呈现出多学科、主题化的特点

表 6-1(续)

主要特征	特征说明
公益性	主体属性属于公共图书馆范畴,设立导向是从满足人民群众基本文化需求向满足人民群众高品质文化需求的提升而做的创新实践,其提供的专业服务是在普遍均等的前提下为吸引更多"高需求"读者而进行的服务转型,最终目的还是为了向广大读者提供更优质的文化服务
多样化	用户服务多样性,具体表现为服务内容多样,服务空间多样,服务形式多样化,也就是说主题图书馆并不拘泥于图书馆馆舍空间和行政区域划分范围,其将服务空间外延,力求将服务多样化做到极致

2. 主题图书馆的建设模式

现有的主题图书馆大致可分为 2 种模式:"馆外馆"模式和"馆中馆"模式。"馆外馆"模式以杭州为代表,其主要运行方式为根据设定的主题,在公共图书馆馆舍外另行选址、新辟空间,并根据主题另行配备文献信息、专业人员开展相应的服务。

"声音图书馆"是杭州图书馆依托"作家公社"平台,为进一步丰富多媒体服务模式、延伸扩展阅读服务内涵而特设的文学性选读和音频推送栏目,目前有"西湖传说"系列巧辑、"西湖名胜古迹"2 辑、"杭州历史文化主题"2 辑,2008 年"西湖传说"被列为国家级非物质文化遗产。此外,2015 年杭州图书馆陆续建设了介绍杭州景区的石刻造像数据库、杭州建德市建德乡土建筑与民俗文化数据库、良渚文化特色数据库等。

杭州图书馆的茶文化主题分馆是契合了文旅融合的典型实践。杭州是旅游名城,西湖龙井是中国十大名茶,杭图茶文化分馆坐落于杭州市西湖区龙坞茶镇腹地,馆长鲁华芳是杭州茶叶九曲红梅的非物质文化遗产传承人。分馆收藏了以茶为主题的特色馆藏 5 万余册,通过将静态特色资源收藏与动态茶艺制作、茶技能培训等系列体验活动有机结合,致力于茶文化的传播、传承与发展,以及传统文化(非遗)研究传承平台的搭建。游客到此品西湖龙井,读茶历史文化,听杭州故事,赏中华民族之雅韵。杭图以茶文化为魂,融入城市旅游发展,走出了一条独具茶特色的文化旅游之路。

杭州模式值得我们借鉴的成功经验是主题的选择要以当地市民的实际喜好、需求为出发点,主题要与当地特有的文化相结合,最好能够融入政府发展规划等。

"馆中馆"模式以上海为代表,其主要运行方式是依托馆内原有文献资源,在中心图书馆分馆原有空间内设立主题区域达成建设主题图书馆的目的。上海图书馆的上海当代作家作品手稿收藏展示分馆,是上海市作家协会的讲座基地和活动基地,藏有178位作家的百余种手稿、千余部签名作品,已成为文学爱好者在上海旅游打卡的目的地之一;电影资料主题分馆致力于电影电视文献资料的收集、整理和开发利用,成功举办的"全国群众影评组织自办刊物展评"等活动深受电影爱好者欢迎。

上海近代文献分馆策划了以"城市·阅读·行走"为主题的创意阅读活动,活动以"行走杨浦"为载体,以主题文献资源为主脉,以历史建筑为线路,与上海阮仪三城市遗产保护基金会、渡口书店、鹿鸣书店合作,引领历史文化爱好者共同开启城市探索旅行;嘉定区图书馆深挖馆藏地方文献,将之划分为古镇文化、海派文化、红色文化等类型,设计了一条集历史名胜、人文景观、非物质文化遗产等于一体的特色文化旅游路线——"嘉定文化旅游线路",深受游客读者的好评,是充分发挥公共图书馆特色馆藏资源价值,深化文旅融合的典型实践。

3. 主题图书馆的建设方式

(1)建设主题图书馆分馆。通过考察外国内较为成熟的主题图书馆,借鉴馆际合作模式,树立若干优秀、典型的主题图书馆,同时考虑建设主题图书馆分馆。一方面,分馆建立在总馆的模式上,其主题化、公益性、多样化的属性不易偏离,运行也有例可循。另一方面,分馆和总馆可以互相交流,久而久之,便会形成较为稳定的、跨越区域空间的主题图书馆群落,在丰富主题图书馆服务体系的同时也为旅游产业提供了商机。

(2)"优中建优"方式。借助既有文旅品牌,既有的文旅品牌已具备一个明确的品牌主题设定、一块主题鲜明的特定展示区域、一套成熟的活动体系和一定程度的社会影响力等,这些同时也是建设主题图书馆重要的基础要素。借助既有文旅品牌的上述优势,将品牌理念、主题、运行落实于整个主题图书馆建设的各个环节,将主题图书馆作为文旅品牌的"实体"来运作,促使主题图书馆的主题更清晰、格局更高深、受众更广泛。反之,有了"实体"的辅助,也能深化既有文旅品牌的创新能力、多元活力和传承生命力。

(3)"借势建强"建设方式。该方式注重借势造势,合作共赢,例如与旅游服务中心合作。旅游服务中心作为旅游公共服务机构,对区域内旅游景点的熟识度最为权威,与之合作,可准确地了解区域旅游资源,借助其权威的旅游资讯,探索建设旅游主题图书馆。在该类主题图书馆内可配备相关旅游文献信息、发放旅游宣传资料、举办旅游主题阅读推广活动等,将图书馆和旅游相融合,给主题图书馆建设打开一条新思路的同时也践行了文旅融合的要义。

三、设计文创产品,牵引图书馆文旅服务新时尚

1. 图书馆文创产品的概念

图书馆发展文化创意产品是文旅融合的有效举措,图书馆被誉为人类文明的结晶,凝聚着几千年来的文化果实,其深厚的文化积累为文创产品的开发提供了充分的条件。同时,图书馆又是知识教育的圣地,承担着继续教育及传播中华民族优秀文化的责任,而文创产品的开发有利于我国传统文化的弘扬,因此图书馆有条件也有责任开展文创产品的开发。

何谓文创产品,仁者见仁,智者见智,学者可谓是众说纷纭。其中具有代表性的主要有,莫晓霞将图书馆文创产品定义为:基于图书馆资源开发的能体现图书馆深厚文化内涵,同时起到传达图书馆教育功能、经营理念及传播图书馆文化作用的创意产品。武吉虹认为图书馆文创产品是基于其资源和服务,经过创意转化开发的具有知识产权的高附加值产品,包括物质实体产品和非物质形态的服务。张晓翔认为博物馆和图书馆的文创产品主要是基于馆藏藏品的艺术开发、设计、利用,是一种融观赏性、纪念性、实用性为一体的特殊商品,有有形和无形之分。潘颖、孙红蕾、郑建明等认为文化创意产品是指依托图书馆特色打造视觉艺术、工艺设计等文化创意产品供游客欣赏购买。苗宾认为,图书馆文化创意产品是基于图书馆文化内涵,通过有创意的设计表达创意思想、符号和生活方式的任何有形或无形的消费性产品或无形服务。

从以上定义来看,其一,图书馆文创产品既要符合文化创意产品的一般特征,又要结合图书馆资源及其文化内涵。除了文创产品基本的文化性与创新性特征,图书馆文创产品的特点在于依托本馆资源、揭示馆藏内涵、传播本馆理念等,有实物与服务两种表现形式。其二,图书馆文创产品可分为馆藏复制品、出版类产品、衍生设计纪念品和体验类产品等。其三,从不同的定义中,可以抽取一些构成文创产品的重要因素(图6-2)。

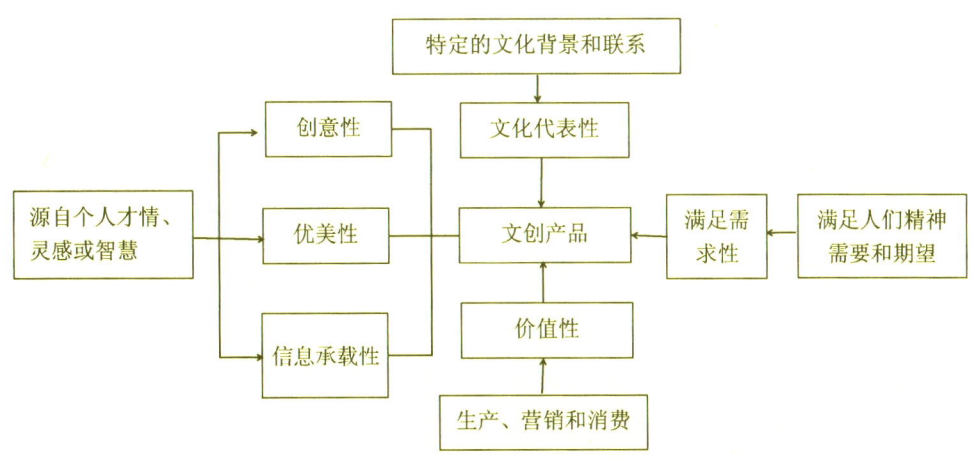

图 6-2 文创产品构成的重要因素

(1)文化代表性。既然文创产品是与一定的文化背景相联系,那么它一定是有特色的,代表了某些特定的文化含义。

(2)创意性。文化创意产品本身就是创意产品,所以它具有一定的创意性。

(3)优美性。文创产品凝结了个人才情、灵感或智慧,包含了一定的设计理念,且设计本身就是在创造美。

(4)信息承载性。设计师将一定的文化信息赋予自己设计的作品,通过作品表现出自己想要表达的内容。

(5)价值性。文创产品是用于生产、营销和消费的产品,具有一定的价值性。

(6)满足需求性。某种程度上可以满足用户一定的精神需求。

综上可知,文创产品是指与一定民族和地区的文化背景相联系,源自个人才情、灵感或智慧,并通过产业化的方式进行生产、营销和消费,满足人们精神需要和欲望的任何有形产品和无形服务。可以看出,生活中许多产品被赋予一定主题意义以后,都可以被称为文创产品。

实际上,图书馆与文化创意产品的融合,目前主要以图书馆馆藏资源中的文字、图片、照片等作为文创产品的开发元素。如台山市图书馆推出的明嘉靖版本《新宁县图经》、莆田市图书馆根据本地方言童谣和莆仙戏脸谱所制作的明信片与书签、南京图书馆依照明代金陵派木刻画《金陵图咏》制作的文件夹等,这些图书馆文创产品皆蕴含了地方文化特色,既新奇别致,又不失传统意蕴,兼具实用性与趣味性,实现了对馆藏资源的活化利用,传播了地方特色文化。

图书馆利用技术或专业技能来创造有思想的文化产品、创意内容或者专业知识符号,通过创意设计将图书馆文化与旅游相结合。图书馆文创产品不同于其他文创产品的地方在于,图书馆文创产品的开发重点是将图书馆所藏资源中蕴含的元素、图书馆自身标志性的元素进行挖掘,其创意设计扎根于图书馆及图书馆的馆藏资源。相关实例也比比皆是,例如,南京图书馆"生活小物"等地方文化特色的系列产品、北京大学图书馆贺年卡、圣地亚哥公共图书馆文创产品商店、奥斯汀公共图书馆的"回收阅读礼品店"等。

2.图书馆文创产品对文旅融合发展的作用

文创是图书馆旅游的重要载体,应通过文化创意产品开发提高游客的满意度与获得感,进而全面提升图书馆和旅游业的文化品位与内涵,创建具有地域特色和民族风情的文旅演艺精品和文旅产品,助力旅游业的发展,提供一个更为宽广的平台。

(1)文化创意是对图书馆资源或服务的提升与再造,它依靠创意者的智慧与技能,借助现代高科技手段,对现有资源进行全新的创造,从而生产出高附加值的文创产品。应鼓励演艺、工艺美术、文化创意和图书馆资源融合,不断深化"文化创意+图书馆文旅服务"的模式,促进并保障图书馆、旅游业及其利益相关者融合性成长。

(2)文创背景下,图书馆作为社会公共文化服务机构的代表,理应根据现实需要适时拓展服务职能,逐步从传统的知识供给过渡为多元文化服务,为社会文明建设与文化传播提供全方位保障,满足人民群众日益增长的精神文化需求,实现社会效益与经济效益的双丰收。近几年,在《"十三五"国家战略性新兴产业发展规划》《关于推动文化文物单位文化创意产品开发若干意见的通知》《战略性新兴产业重点产品和服务指导目录》等系列政策的引导下,依托图书馆等文化文物单位馆藏资源推动文创产业链建设成为必然趋势,图书馆界也不断响应国家政策,积极参与文创产品的开发与推广,取得了喜人成绩,如国家图书馆的《庆赏升平》衍生品、四川省图书馆的《杜甫与熊猫》以及湖南省图书馆的《陶童》等。

(3)作为收集、整理、保存与传播人类文化的公共机构,图书馆具有丰富的内容资源和品牌效力,因此在政策引导、信息技术促进作用下快速成为文创产业的重要开发窗口,不仅增进了用户与图书馆的互动交流,还能延伸图书馆的服务职能,从而实现新时代、新形势下的创新发展目标。故此在保证图书馆正常服务的基础上创建文创品牌,不仅能让图书馆成为城市的文化名片和吸引游客的打卡景点,还能完善图书馆旅游生态链,带动文化产业与旅游产业的融合发展。

3.图书馆文创产品应用与文旅融合的创新思路

在文旅融合背景下,图书馆要注重发掘自身与旅游业相契合的元素,据此确定文创品牌的建设方向与创新思路。

(1)立足特色馆藏资源,深挖优秀文化内涵。习近平总书记在党的十九大报告中指出:"要深入挖掘中华优秀传统文化蕴含的思想观念、人文精神、道德规范,结合时代要求继承创新。"图书馆作为区域文化的储存机构之一,应系统梳理和深度挖掘特色馆藏资源,触发创新点,以极具文化内涵和特色价值的文创产品实现新时代中华优秀传统文化的传承与创新。

一方面,图书馆应立足于古籍、线装书、手稿、字画等特色馆藏资源,通过分类整理和策划评估,建立专门的文创开发与设计部门,全方位地进行文创产品的深度研发。如广东省立中山图书馆推出的"清末民初画报中的广东"布艺钱包、宁波市图书馆推出的"阅读地图"、湖南图书馆推出的"十大馆藏字画高仿"——《徐悲鸿双马图轴》《齐白石寿字八仙图轴》、吉林省图书馆出品的《谷园印谱》抱枕等。

另一方面,图书馆可与区域非物质文化遗产传承人或民俗文化代表者联合进行文创产品设计开发,如方言、民歌、曲艺等,实现地方文化的活态运用。如郑州图书馆邀请地方非遗保护项目"开封朱仙镇年画"的传承人任鹤林先生共同联合推出方言明信片、木板年画挂饰等文创产品。

(2)注重个性化文旅IP塑造,提升图书馆文旅影响。IP是英文Intellectual Property(即知识产权)的简称,通常是指人类在社会实践中创造的智力劳动成果的专有权利,包括著作权(版权)、专利权、商标权等。我国IP超越了"知识产权"的本义,成为一个概念,比如,一个故事、一个形象、一个商业入口、一个标志性的产业、一种特色的文化形态等,均可演变成独有的IP。影视、文学、游戏等都需要有IP参与,文化旅游同样需要打造。

文化赋能IP有3个价值点:首先,由于受众的多元化和年轻化,其更倾向于购买与文化IP完美结合的文创产品;其次,"明星"IP很重要,如国家图书馆的《四库全书》《永乐大典》《诗经》《红楼梦》等核心资源的创意产品转化可以引发流量效应,极大提高年轻购买力占比;最后,文化IP可以产生品牌溢价,通过与国内外知名图书馆合作,采用联合IP、致敬大师、致敬经典等方式扩大文化IP的价值影响。

以湖南图书馆IP文化构建为例,该馆树立通过文创产品开发充分展现图书馆文化精神及服务理念的观念,而向全国图书馆工作者、古籍保护工作者、创客团队、设计人员等群体进行IP创意征集,在"难得湖图"大IP下形成一批故事IP、形象IP和产品IP,在IP支撑和创意设计后形成海明威诞辰120周年纪念礼盒、黛玉醉诗美人锦囊、《巴黎圣母院》手稿布袋、《牡丹亭》《哈姆雷特》等巨著的经典语言衍生的广告词、帆布包、文化衫等产品。这些特色产品承载着与馆藏资源相同的文化信息,通过产品的传播既能有效进行文化信息传播和教育延伸,也利于形成"明星"资源从数字化到衍生品的完整产业链。

此外,还可以通过趣味故事引起共鸣,首先应当建立情感共鸣,而情感共鸣往往以故事为依托。通过IP来构建故事,通过故事来成就IP;其次,通过主题活动增加其曝光度。建立好情感基础之后,应当借助各种丰富多元的主题活动,增加所打造IP的曝光度。例如四川省图书馆围绕打造熊猫超级IP开展资源共享、品牌共创,开展交流探讨。该文旅IP开发一系列文创产业链,提升城市软实力,吸引更多旅游者,实现熊猫城市IP的品牌价值和社会经济效益。

(3)增强互动性体验,搭好图书馆和游客的桥梁。为用户提供有价值的产品和服务体验,是图书馆与用户建立终身联系的重要方式之。文创产品有别于一般文化产品,其核心价值是文化创意,并将实用性和体验性放在首位。体验经济时代,图书馆文创产品开发,一要逐渐摆脱制作复制品和高仿品的传统观念,通过元素的提取、设计、再造,开发富有地域文化特色和人文情怀的产品。还要兼顾经济效益与社会效益,在展示、营销、购买和使用产品的过程中融入社交功能,分散盈利点的同时产生文化熏陶,搭好馆读桥梁。二要了解受众群体的生活方式、消费方式,注重互动性体验。如国家图书馆基于清代《三山五园及外三营地理全图》的一部分打造的纸雕夜灯,基于现代生活"创造易于入睡意境"的需求,提高了文创产品的实用性。文化产品可以有效地向消费者传递文化信息,同时创造文化风格,增强消费者对文化的理解,进行文创产品开发能够创造性地转化馆藏文化资源,增强图书馆的自我发展能力。因此,文创产品开发对图书馆而言具有很强的启示性,图书馆文旅融合服务亟需借助文创产品作为传播载体和消费牵引。三要通过数字手段和互联网技术,帮助消费群体在文创产品开发的资源梳理、设计体验、制作体验、销售体验等全产业链进行线上线下互动,让图书馆文创产品开发不再"神秘"。随着数字化技术的不断发展,数字文创产品的开发也逐渐普遍。例如将文学著作中的人物开发,进行动漫制作;或开发游戏APP,通过游戏化的方式促进公众对历史知识的了解。在信息技术日益完善的当下,数字文创产品的问世显然更受年轻人的喜爱。湖南图书馆推出的数字文创产品——"一网读尽"数字阅读平台。该平台提供一站式检索,解决了读者以前在多个访问入口查找资源的麻烦。此外,该平台的使用使得图书馆可以全面地掌握读者的阅读数据,从而为读者制定更加个性化的书单推荐。

第二节 基于价值向导的图书馆文旅融合发展路径

此处的价值不同于经济学上所说的那个"价值",它属于哲学范畴,大致可定义为,价值是各种事物、现象、行为对满足人们某种需要所具有的积极意义。从这个一般定义出发,笔者认为图书馆文旅融合价值可以理解为图书馆在文旅融合战略背景和进程中所产生的积极作用和非凡意义,而图书馆文旅融合的路径选择之一则是以这种积极的作用、意义为指引,促进价值转化,更加生动立体地满足人民群众日益增长的精神文化需求,推动图书馆文旅融合创新发展。

所谓价值导向是指社会或群体、个人在自身的多种具体价值取向中将其中某种取向确定为主导的追求方向的过程。对图书馆文旅融合而言,价值导向是相对于功能或职能而言,通过确定服务机制的基础,通过活动开展、服务创新,来明确图书馆服务的行为,传递图书馆倡导的价值意义。也就是说基于价值导向的图书馆文旅融合发展路径,既能推动图书馆服务内容升级,创建旅游价值,也能创造文旅融合新机遇,释放文旅创意新活力。

一、塑造文化品牌,打造图书馆文旅融合服务新高地

1. 品牌与文化品牌

品牌(brand)一词来源于古挪威文字 brandr,本指燃烧着的木头、烙印,目的在于对产品加以区分。品牌定义的发展出现了4种认识:①标识论,如美国

市场营销协会(AMA)颁布的《营销术语词典》,将品牌定义为:用以识别一个或一群产品或劳务的名称、术语、象征、记号或设计及其组合,以此同其他竞争者的产品和劳务有所区别。这是最直观的品牌定义,但只表述了品牌的基本内涵。②职能论,以《牛津大辞典》的定义为代表:品牌用来证明所有权,作为质量的标志或其他用途。这类定义对品牌功能的延伸进行了阐述。《吕氏春秋》记载:"物勒工名,以考其诚;工有不当,必行其罪,以穷其情。"可见"标记"可以助力外界监督,从而减少生产者偷工减料、粗制滥造的情况,推动生产者建立和积累信誉。③关系论,如有国外学者认为品牌就是产品、符号、人、企业与消费者之间的联结和沟通,若不能与消费者结成亲密关系,产品从根本上就丧失被称为品牌的资格。关系论强调品牌因产品或服务与消费者的关系而存在并发展,而不仅仅只是一种识别系统,品牌消费成为消费者表达自我、寻求情感归属与群体认同的方式。④价值论,如有国外学者认为,从本质上说,品牌是一系列功能性与情感性的价值元素。从这一角度看,品牌是营销价值信息的载体,消费者可以通过品牌感受到产品或服务为其带来的价值利益。

综上可知,品牌作为产品或服务的象征,品牌是无形资产,一个成熟的品牌意味着拥有足够数量、足够规模和足够稳定的常客户,品牌代表着生产者的能力、品质和影响力,将生产者与消费者相连接,兼具功能价值与情感价值,品牌是市场竞争的工具,蕴含着巨大的市场潜能,促使消费者作出立即或以后消费的决定。

文化品牌是文化、艺术、出版、新闻、传播等行业的品牌。对消费者而言,文化品牌是文化产品的品质象征与技术保证;而从文化企业的角度,文化品牌是其产品和服务在视觉、情感、理念和价值观等方面的综合形象,通过文化企业或其产品、服务与顾客的互动沟通来实现,是消费者对于产品和服务的全部体验。在承袭品牌的普遍特征之外,文化品牌与商业品牌相比,具有更深厚的文化底蕴及意识形态,目标在于进一步实现文化创新,推动文化产业的发展。

2.文化品牌塑造对图书馆文旅融合服务的作用

在文旅融合的时代背景下,文化品牌项目的匮乏是阻碍文化旅游产业发展的一大原因。Southworth等人指出,文化品牌是向消费者传播文化真实感的重要工具。图书馆文化旅游活动的品牌化,更容易获得受众的认可与接受,同时也是巩固文旅融合发展的重要举措。打造特色文化活动项目本身就是一种创新,缺少这种创新容易导致图书馆在品牌活动建设上没有太大作为,也容易出现图书馆文化旅游产业的低融入率。

赵惟认为一个良好品牌的树立可以在更大范围内提升图书馆的社会知名度和认可度,更好地帮助图书馆发挥其具有的文化价值魅力,增强对读者的吸引力,提升读者的文化水平。对于如何树立品牌形象,图书馆应从明确品牌定位、完善品牌管理、注重品牌宣传这3个方面入手。马祥涛从文创产品开发上思考这一问题,认为图书馆进行文创产品的研发,有利于深入挖掘和系统阐述馆藏资源所蕴含的文化内涵和时代价值,指导图书馆在新时代进行体制改革创新和高质量发展。同时,在文创产品开发时可引入当地特色,这既树立了图书馆形象,也在一定程度上帮助了传播地方文化。此外,以往研究多集中于图书馆品牌形象及品牌建设价值、品牌建设方法以及文创产品的保护措施等方面,其中对文创产品的研究相对较多,而对图书馆品牌形象建设的价值认定、建设路径的研究相对较少,且研究内容也较为浅显。对品牌形象建设的路径方法只是粗略提出几个方面,并未突出图书馆在品牌建设中的独特之处,也未对具体操作方法进行深入阐述。

故此,在文化、科技、经济等各领域深度融合的时代背景下,一是图书馆面临的挑战与竞争更多来自外部而非内部,我们必须将图书馆品牌置于社区中心、博物馆、艺术馆、书店、咖啡厅、演艺中心、文创空间等更大范围的城市文化艺术生活设施体系中去考察,探讨图书馆本身在符号和象征意义上的差异性,如何成为大文化消费语境下代表特定形象、观念、生活方式及其价值共识的文化品牌。二是图书馆作为一种文化消费品,一旦成为品牌,它给人们的体验便超越它本身的功能性和实用性价值,而带有某种象征意义,图书馆品牌化的过程即是图书馆被予以"图腾化"或"神话化"的过程。原阿根廷国家图书馆馆长、著名作家博尔赫斯曾说"如果有天堂,那一定是图书馆的模样"。赋予图书馆天堂般崇高、理想之美的文化内涵与象征意义。

另外,文旅融合背景下,具有象征意义、符号价值的博物馆、书店、文创商店、公共艺术空间等文化场所均成为文化消费意义上的对象和产品,人们借由其实体或虚拟场所参与服务体验,赋予自身意义或价值。以"网红图书馆""最美图书馆"等大众传播符号在社交媒体和互联网经济的驱动下成为大众文化生活体验的对象与目标,凸显了图书馆在文化消费意义上强大的符号价值、美学价值和品牌价值。

在这种意义上,图书馆品牌建构则不仅仅依赖于图书馆服务项目和服务内容的品质化、差异化、美誉度,而更大程度上在于图书馆作为文化消费空间所承载的文化意义上的个性、资产、美学及故事。在"悠•图书馆"的品牌建构体系和实践路径中,正是通过对"图书馆"承载的符号及精神资产的重新开发与创新,实现城市社区图书馆理念、空间、馆藏、服务、活动等图书馆核心业务和使命的重构,最终实现城市社区图书馆品牌的全新建构。

3. 图书馆文旅融合服务品牌建设的举措

"战略品牌管理"是由营销学者凯文•凯勒提出,他认为构建一个强势品牌需要4个步骤:建立正确的品牌标识、创造合适的品牌内涵、引导正确的品牌反应以及缔造适当的消费者——品牌关系。图书馆可以通过以下4个方面加强文创品牌建设。

(1)加强产业融合,发现图书馆文旅融合的契合点。在文旅融合背景下,图书馆要注重发掘自身与旅游业相契合的元素所在,据此确定文创品牌的建设方向与宣传策略。图书馆文创品牌要将中华文化以现代化、趣味化的形式融入公众旅游过程,图书馆也可以通过推出具有收藏纪念意义的相关实物文创产品、可纳入旅游记忆的会展类或沉浸式研学游等文化体验类文创产品来强化品牌特征。实物文创产品可以吸引读者到馆参观购买,体验类文创产品的火爆也可以带动相关实物文创产品的销售。近年来,一批网红图书馆、民宿图书馆相继涌现,其品牌建设模式值得我们研究与借鉴。在保证图书馆正常服务的基础上创建文创品牌,不仅能让图书馆成为城市的文化名片和吸引游客的打卡景点,还能完善图书馆旅游生态链,带动文化产业与旅游产业的融合发展。

(2)发挥图书馆传统优势与现代特征,打造特色文创品牌。在信息过载的时代,一个有特色的好品牌可以吸引人们的注意力,具有流量变现能力。图书馆作为文献信息中心,其文化资源与服务的质量一贯得到公众的信任与认可,因此在打造文创品牌方面具有先天优势。图书馆的品牌标识由图书馆特有的馆藏资源、建筑、区域文化、价值观等共同构成,图书馆的文创品牌要基于自身的目标与功能、社会及读者的需求来定位,将图书馆的特征与本馆(或联盟)的个性有机结合。

除了现在较为普遍的古代典籍元素外,图书馆文创品牌还可以向近现代馆藏特色及地域特色元素延伸。一个朗朗上口的名称与具有高辨识度的设计形象可以帮助文创品牌扩大传播范围,系统而丰富的故事线能打动人心、引起共鸣,让文创品牌在读者心中留下更为生动与深刻的印象。在推出文创品牌后,图书馆可以通过提取馆藏及地方要素,开发与文创品牌关联度高的系列文创产品,形成产品集群,保持文化价值输出的统一性,强化品牌效应。

与此同时,图书馆普遍均等的服务理念与深厚的文化底蕴也将其他年龄层次的读者吸纳到文创产品消费群体。图书馆文创在线下可以与主题活动、实体店铺相结合,线上可以通过公众号、网店的经营扩大受众面。在此过程中,图书馆要注重文创品牌人格化,与读者形成文化与情感联结,通过回复评论、抽奖、给予优惠等方式加强互动,鼓励忠实读者自发向周边宣传推荐。图书馆文创联盟成员馆可以通过统一门店形象、线上线下形成集群营销链条的方式统一品牌推广。

(3)分析游客需求,创建图书馆文旅融合服务品牌。首先,推行文旅融合品牌创建,要分析消费群体、明确品牌定位和制定品牌活动策略。其次,图书馆文旅活动在对消费者进行职业、性别和年龄等诸多标准的划分下,应该采取不同的分析思路与角度,深度剖析游客的目的、喜好和行为习惯,为精确的品牌定位提供实证参考。最后,图书馆文旅融合的品牌定位是基于消费者需求分析来确定旅游品牌在旅游者心目中的形象。对消费者而言,文旅融合品牌应能代表图书馆自身形象,品牌活动打造需融合消费者的文化精神需求,"诗"与"远方"体现了人民对精神文化的向往,从精神层面取得受众对文化品牌活动的认同感和忠诚感,具有深远持久的作用和市场效应。

(4)文旅融合品牌活动策略的制定,要遵循以人为本的原则,设计文化品牌活动,制定营销方案。在形成理论策略的基础上,应积极实施并注意用户反馈,在实施中不断改善,进而推进精准化服务和打造个性化品牌策略。同时,打造完善公平的竞争市场,不断推陈出新,将文化品牌活动项目的质量和创新性摆在首位。在文旅品牌活动实施步入正轨后,政府部门应鼓励社会企业投资,引导、辅助开展文化活动,充分实现图书馆文化旅游活动的创新驱动。此外,当前国内图书馆文旅品牌的创建需要着重加强休闲娱乐、用户体验、文化底蕴、社会参与等方面的建设,使"诗"与"远方"的实践与理论落地。

文旅融合视阈下图书馆发展研究

二、加大文化营销,提升图书馆文旅融合社会影响力

1. 图书馆文化营销的概念及意义

图书馆文化旅游从客观上要求形成一系列富有吸引力的文旅融合品牌项目,通过打造图书馆文旅融合品牌项目能够放大文化宣传的效果和旅游产业本身的价值,助力文旅融合"大营销"。在文旅融合背景下,一个地区的文化品牌营销不应只是"一枝独秀",而应"多点开花",策略上要趋向"大营销"。特色馆藏应走出图书馆,宣传对象由本馆和本地区读者扩展到潜在的游客。过去图书馆较多通过展览、讲座、故事会等传统阅读推广活动形式,宣传本馆的馆藏资源,在馆藏资源的推广上可获得一定成效。

2. 文旅融合进程中图书馆文化营销的途径

(1)以市场为导向吸引用户参与文创产品研发,达到传播层面、渠道层面和供应链层面互联互通,形成"粉丝经济"。进而以解决用户烦恼为导向推送文创信息,量身定做产品和服务,并要超越用户的预期。另外,可运用互联网平台,开展网络营销,并高度关注流量及客户活跃度,调整营销策略,特别是流量思维与平台思维网络营销方式具有节省成本、克服实体销售的时间和空间限制、口碑营销功能最强等特性。建立官方微博与微信公众号,如"微图书馆文化创意产品淘宝",搭建统一的移动终端商业应用官方展示互动平台,鼓励用户自主消费与展示产品信息。

(2)图书馆一方面要注重协同合作,与知名营销网站合作,推出文化创意产品销售专栏;另一方面重视产品实体店建设,在一些文化场所、旅游景点、商业街等开设实体店。如此一来,图书馆文化创意产品营销形成线上线下销售渠道,线下可以亲临其境地感受商品,实地选择,线上商品实时上线并推送相关信息,供用户选购自己喜欢的商品。也就是说好的产品销售,还取决于产品宣传推广。从事图书馆营销的馆员对于文创产品的宣传应体现出专业性,不但具备一定的文化底蕴,熟悉图书馆馆藏信息,而且还要善于与用户沟通交流,捕获用户需求信息,及时推荐购买。另外产品设计上也应具有良好的专业性,蕴含强烈的设计感、艺术性、动态性、震撼性,不断满足用户的好奇心,勾起用户购买图书馆文化创意产品的欲望。上线推送相关信息,供用户选购自己喜欢的商品。

（3）强化融媒体传播互动，提升图书馆文旅融合服务影响力。随着互联网的飞速发展，信息传播的载体不断推陈出新，人们获取信息的途径日益多元，一些新媒体如微博、微信、网络电台等，在与用户的互动上具有传统媒体无法达到的优势。融媒体采用扬长避短的方式，把传统媒体与新媒体的优势发挥到极致，使广播、电视、互联网的优势互为整合，互为利用，从而使节目取得更好的宣传互动效果。虽然目前图书馆也已纷纷开设微博、微信等自媒体，但对其他网络平台的利用和合作还很有限，导致其发声的传播范围较小。图书馆如果能认识到网络时代新媒体的特点，并充分认识和利用新媒体、新技术的优势，增强与其他媒体的合作和网络平台的运用，可以在与游客进行互动的基础上，及时收集游客反馈信息，更好地了解游客需求，打破传统阅读活动的时空限制，增加活动的宣传力度，提高图书馆文旅融合服务的影响力。

3. 文化营销 OR 宣传推广

在图书馆总分馆服务体系逐渐完善、各类数字资源可快速获取的当今社会，读者可选择性丰富。如何吸引读者有限的注意力，使其进入图书馆、使用图书馆？除借助本馆、本行业宣传平台进行宣传推广外，应积极借助其他文化和旅游资源等宣传平台，扩大宣传和受众群体范围，形成文化旅游营销的合力。如可以在旅游景点、住宿、旅游交通专线等场所通过宣传片、公益广告等可视化形式对本地区特色文化进行宣传推广，提高本地区特色馆藏知名度；与文物博物部门联合开展研学活动，将特色资源嵌入研学活动宣传推广中，使更多的中小学生了解图书馆；和档案部门联合办展，宣传本地区特色文化资源，等等，从而吸引更多读者进馆，使用特色馆藏资源，提升服务效能。

对地方旅游文化进行宣传，是图书馆传承发展地方传统文化、继承革命文化的重要途径。展览、讲座等读者活动作为图书馆常态化的宣传方式，可以很好地宣传地方旅游资源。文化和旅游部门合并后，两个领域可以联合行动，图书馆可以借用旅游业的展览及讲座资源，依托图书馆联盟等平台，将本地旅游资源向省外乃至国际宣传推广。如贵州文旅厅2019年6月在澳大利亚悉尼举办的"中国旅游文化周—多彩文化·魅力贵州"，分为"观""游""境""品""赠"5区，通过图片摄影、物品陈列、技艺演示、VR体验等形式，展现贵州青山绿水、民族文化、非遗文化以及贵州高速发展的现代特色旅游文化成果。

图书馆可以借鉴这种展览模式,向省内外读者展示本省丰富的地方旅游文化,吸引潜在客源,以文化促旅游,以旅游宣传文化,形成优势互补。在讲座活动中,图书馆可以与旅游企事业单位合作,邀请有关研究旅游文化的专家学者到馆内或馆外巡讲,把本地的旅游资源宣传出去。图书馆也可以制作本省旅游指南等,以小册子等形式向读者进行传播,随时宣传地方旅游文化。与传统宣传手段相比,以自媒体为主的文化宣传具有独特优势,即借助互联网的渗透效应能够轻松实现传统宣传难以做到的大范围推广,同时也增强了与用户之间的互动性。自媒体文化宣传具有交叉式、扩大式特征,是当前进行图书馆文化旅游推广的主要方式。

在这个背景下,图书馆也一改往常低调的行事作风,尝试用符合当下民众审美的创意和理念试水文旅发展大潮。酒香也怕巷子深,可以通过公共宣传、自媒体宣传和口碑传播的方式,使品牌在消费者脑中形成记忆。青年人崇尚个性、兴趣广泛、乐于尝试新事物,一向是文创产品的消费主力,图书馆在品牌营销方面需要重点关注。国内首档图书馆文化旅游综艺节目《神奇图书馆在哪里》,该节目自2018年10月开播,累计播放量2.7亿次,豆瓣评分7.7分,获得了口碑与流量双丰收。著名作家马伯庸带领观众前往浙江桐庐的先锋云夕等12座风格迥异的图书馆探访,鉴赏图书馆美学并尝试文化旅游生活新方式。这种"图书馆+旅游+综艺"文化类综艺节目让"阳春白雪"的图书馆以趣味又温暖的文化旅行方式俘获了大众的注意力。这有助于宣传推广图书馆的良好形象,也充分说明民众对图书馆在文化旅游融合事业中发力的肯定与期待。2016年,《我在故宫修文物》在中央电视台播出,随后在国内领先的年轻人文化社区——哔哩哔哩视频网站上线,一跃成为网红,故宫也因此吸引了大批年轻观众的视线。图书馆可以借鉴这样的宣传手段,与各大媒体合作发布文创品牌宣传纪录片,或与知名文化博主合作推广文创品牌,还可以积极运用"快闪"、饥饿营销、众筹等新形式吸引眼球。

此外,户外文化体验节目立足文化经典,在旅行中感受体验书籍所记载传承的文化,从而让更多的人了解文化,同时增添旅游的文化底蕴,带动了旅游营销。例如,《一路书香》和《跟着书本去旅行》分别是深圳卫视和中央电视台推出的户外文化体验节目,以经典作品为线索,采用"阅读+行走+真人秀"或"阅读

＋行走＋专家学者讲解"的模式,通过走访各地人文历史遗迹和自然地理等,了解经典作品背后的故事,弘扬优秀文化,在节目播出后取得了良好的社会反响。

三、强化质量管理,提升图书馆文旅融合服务品质

1. 质量管理与服务质量管理

质量,在物理学中指物体所具有的一种物理属性,是物质量的量度,有微观和宏观质量,微观质量主要指产品质量,宏观质量指产业、区域或国家等宏观总体的行为状况及后果。旅游业是现代服务性产业,不同于农业和工业,它体现了游客与目的地之间一种特殊的人地关系。因此,从"人地关系"视角,旅游业发展质量可以分为游客的旅游质量(人的要素)和目的地的旅游质量(地的要素)。其中,游客的旅游质量侧重于微观质量,指游客在旅游活动过程中建构的主观感受,包括旅游产品、服务及体验等质量。目的地旅游质量侧重于宏观质量,指旅游业对目的地经济、社会、文化、生态方面的影响,有积极和消极影响,类型上包含了客源、产品、企业、国际化、从业人员、配置效率等多个方面。

质量管理是源自工业领域的概念。这一概念的提出者戴明博士认为,他的这一理论同样适用于工业、教育或政府部门等任何领域,只要这一机构是以顾客为导向的。在这一概念普遍应用于营利性服务行业并取得成效时,公益性服务行业亦看到了这一新型管理理念的内在优越性及其与自身结合的可能。目前国内研究探讨图书馆服务质量管理的著作虽不多,而且即使引入服务质量管理的大多数图书馆也还处于尝试践行阶段。

所谓图书馆文旅融合服务的质量管理,即图书馆为保证和提高服务质量,建立健全服务质量体系,对服务的全过程实行有效控制,从而设计、生产和提供给用户满意的服务,做到最适质量、最低消耗、最优生产和最佳服务,最终实现不断提高文旅融合服务质量的目标。

2. 图书馆文旅融合进程中引入服务质量管理的现实意义

通常谈及"改善服务",人们往往想到改善馆员的服务技术和态度,很少考虑从其他方面改善的可能性。因而系统研究服务质量管理具有重要的意义。图书馆应把文旅融合服务视为一个整体,采用系统化的方法,改善整个体系内的合作方式,优化服务流程,确保良好的服务效果,实现文旅融合服务质量管理

文旅融合视阈下图书馆发展研究

的综合质量最优化,达到游客、图书馆以及其他利益相关者对服务质量的共同满意。六西格玛用一系列工具对服务流程环节进行科学的量化管理,从而保证服务标准"数据化",通过对全过程的分析测量,关注过程波动,找到影响过程波动的原因并加以改进,使信息服务的提供和满足用户需求的过程更加具有可操作性。图书馆各部门、各岗位根据自己的服务流程,分别向用户提供服务。

服务质量就是要满足需要。由于使用图书馆是自愿的,所以必须使游客充分了解图书馆所能提供的服务,使游客感到这些服务是能满足其需求的。图书馆应当在全面调研用户需求的基础上,组织和管理图书馆服务预算、项目活动以及人力资源等。通过将服务质量管理引入图书馆,根据图书馆实际建立起适合图书馆的服务质量管理体系,让图书馆和游客的关系始终处于一种动态管理状态,从而培育和发展图书馆和游客之间长期的关系,这也正是将服务质量管理引入图书馆的意义所在。

3. 图书馆文旅融合服务质量体系的建设

图书馆文旅融合服务质量体系建设是一个系统工程。正如质量持续改进有特定的程序,可分为不同的阶段,并通过各个阶段不间断地运行实现质量持续改进和全方位的质量管理。

图书馆文旅融合服务质量体系建设首先要弄清楚这样几个问题:"谁开展质量管理""管理什么""为什么开展质量管理""依靠什么开展质量管理""怎么开展质量管理""在什么环境下开展质量管理""质量管理效果怎么样"等。从问题重要性的角度看,"管理什么"和"怎么管理"是文旅融合服务质量管理问题中相对更重要的两个问题。正是在此意义上,文旅融合服务质量管理内容和职能可视作文旅融合服务质量的2个核心要素。

图书馆文旅融合服务质量内容包含组织机构、服务项目设计、服务规范制定、服务过程质量控制、服务结果控制、服务创新等6个关键因素。需在已有组织机构的基础上,定位分工,明确权责,形成一个隶属于现有组织机构的文旅融合服务机构即可。鉴于各图书馆馆情各异,以上组织机构的具体设置可由各馆自行酌定。服务项目设计即图书馆为游客量身定做各项服务。服务项目设计的成功与否直接关系到服务目标能否实现,因此需要与游客接触更多,更为熟悉和了解游客的需求,据此提出服务项目设计方案。服务规范制定在服务项目面向特定读者的前提下,制定切实可行的服务规范,作为服务过程质量控制和服务结果质量控制的文件依据。服务过程质量控制服务过程是馆员通过与读者直接接触,将图书馆的服务提供给读者,读者接受并使用该服务的动态过程。

所谓服务结果质量包括:直接服务结果质量(即读者对服务的评价)和间接服务结果质量,即提供服务的图书馆馆员对服务的评价。前者在服务结果质量控制中占有绝对比重。服务过程结束后,应掌控服务结果数据,并建立服务结果质量阶段分析报表,在结项时对该服务项目的存续价值和拓展空间进行量化评定。服务创新时代在变,读者的需求也在变,图书馆的服务工作不仅要变,还要变得有新意,变得满足甚至超越读者的需求,才能让读者乐于走进图书馆为其打造的服务圈。

第三节　基于多元赋能的图书馆文旅融合发展路径

多元赋能,即通过多种"赋能"方式来带动多元治理主体或手段参与或引入图书馆文旅融合的发展进程中来,通过"文旅+"引领图书馆发展升级、文旅服务供给改革,共同迎战图书馆文旅融合的新机遇与挑战。例如通过"技术赋能"形式发挥信息科技、电子技术的治理优势,推动建构一种回应式治理模式以满足游客诉求,积极建立以解决治理难题为中心的技术平台,发起跨部门、跨层级的联合行动。通过"数据赋能"发挥图书馆优势来实现治理资源的集中配置、调度和使用,盘活基层治理的多样治理资源,从而增强社会组织体系的治理能力并进一步激发社会组织体系参与基层治理的积极性与主动性,全力破解基层治理资源分散化的现实难题。

一、升级图书馆数字化建设,增添图书馆文旅融合发展新动能

2022年5月,中共中央办公厅、国务院办公厅印发了《关于推进实施国家文化数字化战略的意见》,明确了"提升公共文化服务数字化水平"是国家文化数字化战略的重要任务,对公共文化服务数字化建设作出了总体部署和战略安排。早在2021年6月,文化和旅游部印发的《"十四五"公共文化服务体系建设规划》就将"推动公共文化服务数字化、网络化、智能化建设"作为公共文化服务体系建设的主要任务,重点聚焦数字文化内容资源和管理服务大数据资源建设、公共文化网络平台建设、公共文化服务智慧应用场景拓展等方面。因此,新时期的图书馆文旅融合服务创新高质量发展,图书馆数字化建设及其数字化服

文旅融合视阈下图书馆发展研究

务水平就显得尤为重要。

1. 技术驱动,提升游客文旅服务体验

加快信息技术的应用。随着信息技术的不断普及,各行各业都在不断加深对信息技术的应用。在图书馆的文旅融合发展过程中,技术人员应该带领团队完成对本地文化的深入挖掘,并且利用信息技术,将其以文字、图片、声音、动画等多种形式进行存储。再利用虚拟现实(virtual reality,VR)技术,增加游客的体验感,提高游客对文化的感知。为了实现其中之一的展示,公共图书馆可以增设 4D、5D 播放厅以及 VR 体验馆,满足游客的亲身体验感,能够通过立体眼镜感受当地的风景名胜与文化特色。通过图书馆的游览,游客就能够体验到当地自然景观与历史人文的魅力,极大地改善了游客对于图书馆的刻板印象,同时还促进了当地旅游业的发展。

(1)搭建虚拟"云"游平台,不得不提的是公共文旅云平台服务供给的作用。公共文化机构和旅游场景将其数字化的服务内容如文旅地图、文旅推介等信息上传至公共数字文化服务平台,并通过统一平台实现向社会公众的线上供给,社会公众既可以通过统一平台获取和利用服务,也可以对服务进行监督和反馈。公共数字文化服务平台在其中便起到了线上桥梁的作用,既是连接旅游场景和公共文化机构的线上桥梁,也是连接其和社会公众的线上平台。公共数字文化服务平台的建设对于数字化时代的文旅融合起到了重要的连接、信息资源整合及沟通作用。杭州市萧山图书馆积极探索文旅融合背景下的服务模式创新,积极参与"萧山智慧文旅平台"项目,将图书馆的数字资源、活动平台、业务平台对接到该项目平台,实现全区酒店、景区、乡村旅游点等旅游资源与文化信息资源的一站式整合服务。

(2)提高文旅融合深度及附加值。文旅融合背景下,重视服务创新,打造附加值。高的公共数字文化服务,促进公共数字文化服务的有效供给,注重对服务深度的挖掘和附加值的提升。研学旅游能够给予的启示不单单只是注重风景观光和欣赏,也可以是组织型、休闲型与学习型的结合,旅游场景也可以是新型地与文化紧密联系融合的"新旅游场景"。如,宁波市推出的海曙书香文化之旅、江北历史建筑之旅、余姚红色文化之旅、慈溪越窑青瓷之旅、奉化民国风情之旅等文化旅游主题路线,将突出的文化特色凝聚在旅游主题路线上,让公众在主题旅游中感受鲜明的文化特色,在旅游观光的同时接受文化的洗礼和熏陶。因而公共文旅云平台可以进一步深化资源整合,构建集图书资料、档案资料、馆藏博物、文化艺术、旅游景点等于一体的立体式数字化资源服务,让公众在公共文旅云平台不仅能享受景点推送、景区文化介绍、优质民宿推荐等旅游资讯,还能阅书、晓史、"见"宝、鉴赏艺术等,让旅游场景地的文旅产品上线,从而满足公众日益增长的文旅服务需求。

(3)建设统一规范的服务平台。文旅融合体现的往往是动态的、交互式的行为,为了建立统一规范的服务平台,构建互联互通的公共文旅云服务平台,同时也出于整合各地文旅资源进而打造公共文旅服务品牌影响力的目的,可建立国家层次的统一平台,按照各省、地市州、县市区等依次实现分级检索,同时规范命名,用户进入统一服务平台后,应用定位技术提供用户当前所在省份的文旅信息,同时用户也可以自行选择省份获取相关服务。

2. 聚焦旅游数据要素,培育文旅服务新的增长点

(1)主动关注多元化旅游信息资源。图书馆是旅游信息的提供者,需要针对游客需求提供多元化的旅游信息资源,旅游文献资源是游客对图书馆的信息需求。同时图书馆需要创新旅游信息服务的内容和手段,才能更好地为游客服务。例如图书馆为游客提供特色旅游地宣传服务时,首先要采集特色旅游的数据,其次将特色旅游地的游玩项目、交通地图、租车信息、人文习俗、周边酒店、旅游攻略、天气栏目表等旅游信息装订成旅游宣传手册,最后采取多种手段精准推送相关信息,以供游客随时随地都能够获取。"京都府立图书馆珍贵文献收藏"项目是将京都府立图书馆馆藏珍贵文献进行数字化并在网上公开服务,于 2019 年 3 月推出第一期,内容为明治时期到战国后期(第二次世界大战结束后联合国军占领时期)面向外国游客、以京都为主的城市观光指南。该项目采用了 CC0 协议(创作共用协议零权利协议)使用许可、DOI 机制(数字对象唯一标识符)、IIIF(国际化图像互操作框架),均为世界标准,在日本图书馆领域率先实施。

(2)积极聚焦旅游大数据,通过游客数字"足迹"分析,培育新的文旅融合服务增长点,推进全域旅游的智慧化服务,或为旅游管理部门等提供有益发展政策建议等决策咨询服务。强化文旅信息共享机制和合作交流机制,通过国内外、多行业、多主题领域协同共促,逐步形成协同齐发展的新格局。邱维以"马蜂窝旅游网"作为研究对象,从旅游攻略、景点、美食、酒店、游记几方面入手,选

取与"图书馆"相关的数据进行统计分析,得出文旅融合时代图书馆应从5个方面抓住机遇并实现价值:发掘馆藏文化资源,弘扬中华优秀文化;推广全民阅读,传承文化精髓;挖掘地方文化特色,打造特色品牌效应;延伸图书馆服务职能,实现图书馆社会价值;提升图书馆形象,增进与读者之间的情谊。

3. 探索智慧文旅服务,推动文旅融合新风尚

智慧旅游,也被称为智能旅游,是一种以物联网基数、云计算技术为基础,通过互联网、智能数据挖掘和处理、便携式终端上网设备的帮助,及时采集旅游资源经济信息的活动。游客通过智能数据挖掘及高性能信息处理来主动感知旅游资源、旅游活动,方便了旅游计划。智慧旅游是为旅游业各主体(管理部门、企业、景区、旅游者)提供相关旅游信息的一种新兴旅游形态,其特点为:①智能性。应用对象有智慧政府、智慧企业、智慧景区、智慧游客。②及时性。旅游者通过智能客户端互动,双方能及时获得或传递相关的旅游信息。③人性化。智慧旅游能为每位游客提供个性化服务,推动了旅游业提质升级。

旅游信息多渠道供给。在5G和大数据背景下,可以以智慧平台为中心优化现有的宣传模式,确保图书馆内所有的旅游资源能够得到充分利用,图书馆提供的旅游信息可以分为"线上"和"线下"旅游信息供给。线上旅游信息可以通过微信公众号、微博、手机APP等渠道服务于依赖通过网络渠道搜集旅游咨讯的游客,包括游客感兴趣的吃、购、娱、衣、食、住6个方面的需求;线下旅游信息可以将文化旅游线路规划编辑成刊,内容主要包含景点实时咨询、旅游路线规划、出行攻略、节庆表演、文化旅游节预告等,放在图书馆入口显眼的位置,使游客进入图书馆就能免费获取。另外,利用图书馆的各个社交平台,例如官方网址、小红书、抖音、新浪微博、知乎等新媒体路径,通过网络宣传扩大曝光量,形成馆内与馆外多渠道信息推送。

不可否认,这些信息化平台为各自的用户在获取相关服务提供了较大的便利。但是,由于这些平台相对独立,实际使用中需要在各平台中注册用户、下载APP等,不仅繁琐,而且容易出错。图书馆要在文旅融合中提供优质的服务、一流的体验,真正使图书馆和旅游相互融合,应该主动协调,将相关的软件平台进行整合,实现账户系统、操作、界面等的标准化,实现各平台间数据的共享、互通。应该制定平台数据接口、架构的统一标准,以便进行更大规模和范围的系统互联、数据互通,同时避免各项业务的开展被平台软件开发商"绑架",受制于

软件开发商。公共图书馆需要结合文旅融合的具体应用场景,积极利用信息化、智慧化技术开展业务服务模式创新,如无感办证、无感借阅、依托物流系统的借还服务、利用大数据分析工具提供精准的文化旅游信息等,提升文旅融合的融合度,解决图书馆服务在旅游场景中的应用痛点。

二、走向跨界融合,掀起图书馆文旅融合发展新热潮

1. 跨界的概念

所谓跨界,是从某一属性的事物,进入另一属性的运作,主体不变,也就是从一个领域跨越到另一个领域。尤其是进入互联网经济时代后,基于"互联网+"思维的跨界更加明显和广泛,各个行业不断融合、渗透,突破行业内的约束及瓶颈,进入新领域寻求新发展。可以说,跨界合作的本质核心是一种协同创新。人们对图书馆的传统认知是城市中的一个固态建筑,读者需进入图书馆才能接受其提供的文献信息服务。但人们也应该意识到,图书馆作为一个生长着的有机体,正在不断吸收新思想、新技术、新方法,突破固有的思维方式和服务模式,充实馆藏资源团,最大限度地服务于人,并融入人们的日常生活。

随着人类生活进入互联网时代,跨界的概念应运而生。跨界指的是不同属性的事物或行业主体相互融合、渗透,创造出具有生命力的新业务、新模式、新产业等。跨界合作为图书馆提高自身服务能力带来新思路,为图书馆文旅融合高质量发展赢得更广阔的空间。目前图书馆的跨界合作,按照合作对象性质不同,可以分为社会信息媒介、社会教育平台、阅读推广阵地、城市第三空间4种类型;按照信息技术利用方式不同,可以分为利用大数据技术进行知识服务的柔性跨界渗透、集成行业特色和资源服务的跨界延伸两条路径;按照业务开展环节的不同,可以分为资源整合、服务拓展、管理优化3个方向。

文旅融合时代背景下,跨界合作有利于挖掘潜在社会力量,让资源积累更加广泛,拓展图书馆文旅融合服务的形式和内容,让服务手段多样化,体现图书馆多元、体验、混搭的服务特性,契合社会记忆和情感。故此,图书馆应该把握住时代机遇,将图书馆的跨界合作,以不拘一格的形式和特色鲜明的主题向更多领域延伸或衍生发展,从而实现资源共享,提升用户体验,最终达到"多赢"的目的。

2. 图书馆文旅跨界融合的发展思路

（1）加强文旅融合相关的理论指导。目前我国文旅融合仍处于起步阶段，图书馆依然需要不断探索新的文旅融合路径，提升服务品质。随着文旅融合实践的不断深入，缺乏理论指导的弊端不断显现。也就是说文旅融合的具体推进，不仅需要各地实践经验的总结提升，更需要相关理论的指导，文旅跨界融合的典型案例、运行机制和发展路径也亟待强化。图书馆应把握时代机遇，将图书馆服务延伸到社会的更多方面，营造优质的旅游文化氛围，助力旅游业的发展，同时将自身打造为城市名片、旅游名片，得到更高的社会声望。

（2）越来越多的产业领域均加入了旅游发展的大军之中，"旅游＋科技＋文化＋体育＋娱乐＋教育＋N"成为发展态势。然而，对旅游的跨界研究需要学界业界的跨界协作，这种跨界已不只是在图书馆及文化领域存在，也广泛存在于教育、科技及企业等领域或组织。我国图书馆文旅融合研究主要群体还是科研工作者，显示出学界业界的协同有限，因此相关研究主要解决的是理论问题而非实践故事的传播与讲述，实践操作性有待进一步提高，与学界业界跨界协作突破的力度还有待增强。

3. 营造图书馆文旅多业态跨界融合的服务新格局

多业态跨界融合是文化、旅游与其他产业跨越原有边界后进行的产业融合以及在此基础上实现的业态重构。如文化、旅游与康养产业跨界融合形成的文旅康养，文化、旅游与教育跨界融合后形成的研学旅行等新兴业态就是文旅多业态跨界融合的产物。文旅多业态跨界融合日益显著，从根本上反映了文化和旅游之间以及文化、旅游和其他相关产业间融合关系的逐步深化。这恰是文化和旅游以共生为导向的融合趋势不断强化的表现。在产业融合和消费升级加速的背景下，文旅多业态跨界融合的趋势已经不可避免。目前，图书馆的空间体验服务有了更强劲的发展势头，在满足大众多元化文化需求的同时，提供更具美感的舒适文化空间。此外，图书馆活用资源举办地域文化展览、书画主题展等服务活动，满足大众的审美需求，给旅游者提供更为生动立体的体验。

多业态跨界融合就要求图书馆积极构建跨界融合服务新格局，让跨界合作真正成为图书馆文旅融合服务的助推器。图书馆若想保持和发挥其在文化服务方面的优势，必须与时俱进，通过跨界合作整合各方面的资源、人力及技术，为用户提供种类多样、内容丰富的文化产品和服务。图书馆与其他行业跨界合作,可以助力其打破行业壁垒,坚固并拓展服务空间,这也是其自身发展创新的必然要求。如:国家图书馆和京港地铁合作发起的"M地铁·图书馆"公益项目,不仅拓展了图书馆的公共服务空间,增加了公共设施的人文气息和文化内涵,也为利用碎片化时间进行阅读的乘客提供了便利。

三、建立多元包容,打造图书馆文旅融合发展新机制

1. 拥抱多元文化包容,创新图书馆文旅服务

联合国教科文组织与国际图联于2009年联合发布《多元文化图书馆宣言》,指出"多元文化的图书馆是通往多元文化社会的门户",并从管理和运营、核心行动、资金、立法与网络等方面指导图书馆开展多元文化服务实践。伴随着社会对多元性认识的深入(多元性定义超越了种族、族裔群体概念,拓展到语言、文化、民族、性别等的多个领域以及旅游业的多种要素之中),图书馆界开始重新审视、探讨多元文化服务并进行创新与完善。

对于图书馆而言,多元包容首先就应该坚持开放,应打破"一亩三分地"的思维定式和体制机制束缚,处理好局部与全局的关系,坚持"一盘棋",增强整体性,主动融入开放大局。其次应借助现代公共文化服务体系建设优势与比较优势,调整优化区域文化资源布局为导向,通过区域深度合作与开放共享,破除行政管理和体制机制障碍,推动图书馆多种元素或要素资源跨区域自由流动,构建统一开放的多层次、广覆盖、有差异区域文化体系。最后,统筹国内、国际两个市场,提升对内对外双向开放水平的政策体系,推动地区更大范围和更高层次的对外开放,提升图书馆影响力。

丰富图书馆文旅融合服务的多元手段和内容。首先要精准定位文化的可转化要素,以乡村空间为例,在明确乡村文化空间载体的搭建的前提下,也应为非主流的亚文化提供舞台的文化包容性。因此,作为文化的可体验性生产形式,文化活动的类型不能局限于农耕、民俗和非遗等传统文化活动展示,也应涵盖音乐节、戏剧节、背包文化节等多元文化活动,让各类消费者都能发挥他们的文化创造力,在乡村找到自己的存在感和归属感,以开放和包容的姿态推动乡村文旅融合。再如,推进文化和旅游与相关领域融合发展。以浙江省为例,加快富春江旅游演艺、长江文化遗产旅游、长江文化主题酒店民宿、研学旅行等融合业态发展。推动长江文化旅游与工业、农业、体育等领域融合发展。重点支

文旅融合视阈下图书馆发展研究

持发展富有长江文化元素的浙江特色丝瓷酒茶工业、农业旅游,将图书馆丰富的文化和旅游资源转化为发展优势,是传承发展图书馆的可选路径。

最后,搭建多元文化表达的顺畅机制,讲好图书馆助力文旅融合的故事。图书馆开展文旅融合服务是满足人民美好生活需要的重要方面,是推动文旅融合的重要支撑,积极搭建图书馆多元文化元素的表达机制,讲好具有文旅辨识度的图书馆故事,探索更多诗与远方的融合。①要搭建文旅交流平台,唱好主场戏。在端午节、重阳节和中秋节等节令时,增加图书馆多元元素,突出传统文化的时代魅力。②发挥地缘、人缘优势,利用数字图书馆推广工程、国家公共文化云平台等现代公共文化服务体系建设契机,开展国际、国内城市间文化和旅游交流活动。③加强国际艺术、文物等国际会议性合作,深化"一带一路"等交流合作,深度参与"一带一路"等文化和旅游项目,高质量开展项目合作,促进人文交流和民心相通。

2.图书馆要素与旅游业要素的多维审视

旅游业界根据旅游者旅行目的不同,将旅行活动分为观光型、度假型、专项型等类别,其中专项型包括会议、文体、探险、美食、商务、自驾等子类别,将旅游业涉及的内容总结为"行、游、住、食、购、娱"6要素。而图书馆界则将"文献信息、用户、工作人员、技术方法、建筑和设备"归纳为图书馆构成五要素。文旅融合发展过程中,图书馆工作人员是文献信息的提供者,是场地设备的管理者,是技术方法的执行者,通过多渠道、多层次服务将文献信息融入图书馆为旅游服务的各个环节,将游客与图书馆读者统一为文旅活动用户,从而实现旅游业6要素与图书馆5要素之间的协同发展。故此可结合旅行"住、食、行、游、购、娱"6要素,根据不同年龄、职业、性别、文化程度等因素,选择不同的展现方式,将特色文化融入旅游景点、线路、服务、推广、营销等方面。在各个环节上推进规范化、个性化和人性化的服务都是必要的。优质而又有效的服务,不但能满足旅游者的各种需求,赢得他们的口碑和认可,而且可以提升旅游目的地的旅游竞争力,扩大美誉度和知名度,推动旅游产业健康持续地发展。

例如,在"行"的环节中,目前图书馆主要是针对游客在行程中的阅读需求与信息获取需求提供针对性服务,这方面的服务主要是依托图书馆的主题书籍资源以及线上信息服务能力开展。作为旅游活动的主体部分,"游"这一环节本身集聚了游客的众多需求点,图书馆文旅融合围绕这一环节进行的探索相对较多且形式也较为丰富,在这一环节设计了面向游客需求的服务模式以及针对政府管理机构的服务内容。在"住"的环节中,图书馆目前主要采取与旅游住宿点进行合作共建的方式延伸服务触角,为游客提供阅读服务的同时,也依托专属的阅读空间打造了文化品牌,对本地的旅游形象有一定的提升作用。在"食"的模式方面,图书馆主要是与餐饮业开展跨业合作,将文化资源与商业服务有效结合,满足服务对象多方面的需求。在这一环节,图书馆相关文创产品成为重要的契合点,文创产品中蕴含的文化价值,使其具有了收藏意义与纪念意义,能够引起游客的关注与购买欲,既是旅游体验的一项增值服务,也是区域旅游形象宣传的重要手段。"娱"是一个环节,但更是一种感受,一种贯穿于旅游活动全过程的感受。各级图书馆通过将文化传递、信息服务与本地习俗、历史传承紧密结合,以主题沙龙与展览、专题阅读推广、应景性的游园活动等形式开展了众多专项活动。

另外,旅游要素融合过程中还要注重多元多维向深化融合价值的转变。图书馆的社会价值是公众在享有基本公共文化服务的公共生活中形成的,社会价值的实现程度归根结底取决于它的社会服务满足度,即图书馆提供的服务只有在被受众感知并认同的情况下才具有效用,并被转化为实质性的社会价值。价值上文旅融合时代需创新文化的载体和表达方式,将抽象的文化与具体的文旅项目相结合,增强文化的趣味性、吸引力。在特色馆藏的组织上,跳出图书馆藏常用模式,参考旅游产品开发与打造,丰富特色馆藏的组织模式,如可将特色馆藏嵌入景点,以本地区景点为主题,系统收集整理相关特色馆藏文献,将文献馆藏信息以二维码等形式匹配在具体的旅游景点处,游客在游玩时可轻松获取。或根据特色馆藏内容开发周边文创产品、编制特色馆藏文化宣传手册等等,以增加特色馆藏的创意性、趣味性、互动性。在特色馆藏的呈现方式上,如可利用现代技术打造特色馆藏主题馆,根据特色馆藏主题,将环境打造场景化,除了有实体馆藏文献、实物外,引用VR虚拟技术等,增强特色馆藏体验感。或通过文旅活动等提升读者使用体验感,实现图书馆价值。如将广府文化馆藏与广府庙会结合开展节庆营销,将海上丝绸之路非物质文化遗产资源与"广州文化周"等联合营销、体验营销等方式,提升读者的使用体验感。

3.图书馆文旅融合多元文化包容的多种探索

多元包容发展性思维促成了图书馆文化和旅游市场的全方位融合,那些能

文旅融合视阈下图书馆发展研究

够体现文化独特性、鲜活性、多样性的旅游场景越来越具有吸引力和感染力。融合市场为图书馆文旅融合服务提供了动态的发展环境和新的运作空间,图书馆需要通过创新一体化的营销活动、培育与整合已有的文旅品牌、加强面向统一市场的资本运营等方式推动业务创新,更好地适应文化和旅游市场各层面走向多元发展的路径,创造图书馆文旅融合新的服务格局。

(1)开发有旅游价值的图书馆空间或服务,实现业态融合。以探秘图书馆文化、探索人类知识体系、探寻阅读乐趣为主题,以"好用"为价值根本,把阅读品牌推广活动与景点特色的新内容、新场景结合,设计"研学旅游活动"系列化的活动,推动业态融合,把好看、好玩的图书馆开发成可读、可游的图书馆。将图书馆公共文化活动与旅游产业及新型业态相结合,打造非遗技艺展示、旅游演艺节目等活动类型,丰富文化旅游内容。产业融合作为一种新的经济现象,事实上已广泛存在于旅游实践领域,产业融合已成为实现旅游业转型升级的一股重要推动力量,深刻影响着旅游产业的发展,包括:X 新型业态的不断涌现,如工业旅游、会展旅游、医疗旅游、教育旅游等;新型产业功能的逐渐显现,如旅游景区兼具影视文化基地,养老、医疗方式借助旅游产业得到升级;新型企业组织结构的不断演进,如旅行社集会议组织、咨询、管理、展览策划于一身;新型产业集群的逐步出现,如养生旅游集群等。在国家的全域旅游战略下,乡村旅游业应以遵循全域理念,基于产业融合的视角,找准存在的文化创意点,推动乡村文旅与农林、康养、研学、文创等多业态融合,延伸文旅产业链,促成旅游在产业链、服务链和体验链等方面的延伸和拓展,为消费者提供全域、全时、全业态的乡村文旅新体验。

(2)积极打造旅游项目的产品化开发,推出多主题文旅服务项目。积极推出更多研学、寻根、文化遗产等专题的文化旅游线路和项目;积极打造文旅融合产业体系,包括遗产旅游、节庆旅游、乡村文化旅游、红色旅游、研学旅游、古镇旅游等。值得一提的是,图书馆要敢于创新文旅融合发展模式,推动社会力量融入新领域和新服务,实现专业化、规范化和体系化建设。譬如图书馆开展的研学服务,可以通过引入社会资源提升服务质量,进而打造专业度高、学术氛围浓厚的研学产品。总之,图书馆推进产业聚合发展必须实现资源的产品化开发,并通过培育和发展新业态,实现文化和旅游产业的深度融合和双方发展。

(3)善于开展多元化策划,积极开展个性化服务。个性需求是实现游客文旅融合需求满意度的。"催化剂"要发挥个性化服务的"催化"作用,"游客体验"

是关键。提升游客旅游服务体验的满意度,要考虑不同群体之间的个性需求,特别是幼儿游客群体、老弱病残游客群体和专业性游客群体。为不同游客群体增设个性化服务内容,需要多样化的创新服务发展来构建"第三空间",如为专业游客群体积极打造"第三空间"交流平台或虚拟交流社区论坛;为幼儿群体开设亲子阅读体验活动或者创立亲子游戏室、亲子绘画区、日间托管服务等;为老弱病残群体开辟多功能阅览室、盲人阅览厅、机器人咨询服务、休息空间以及专门的导游讲解服务等。图书馆根据游客个性需求策划个性化服务,加强游客和图书馆之间的载性,在图书馆个性化服务中有效推进图书馆文旅融合良性发展。

(4)开发文旅融合特色移动客户端,实现线上融合。一是建设文旅主题小程序软件。开发文旅 APP,与图书馆门户网站、微信小程序等共同构成阵列式、特色化数字图书馆,为用户增加数字文旅体验,提供交互式云端服务,满足访客信息和即时互动的需求。二是对图书馆文化和优秀图书馆进行线上展示,坚持旅游属性。以图书馆文化为主题,对典型图书馆、图书馆间馆际关联,进行标志物展示、VR 体验,实景与云端体验相结合,以文化为载体,开发文旅创客空间。三是利用场馆自身优势开发书山文旅场景。对场馆自身的吸引价值进行挖掘、推广与实现,打造书山特色文化场景,读者参与方式与阅读推广相关联,线上线下活动相结合。

(5)开发周边游等新玩法的文旅服务项目。受疫情影响,本地游、周边游成为广大消费者出行首选。开发的自驾游、城郊游、休闲游、赏花游、亲子游等周边游文化旅游产品,受到游客青睐。2022 年 10 月国庆假期以本地游、周边游为主,市场上随之兴起众多新玩法。在携程旅行网上,7 天假期的本地游、周边游订单占比达 65%。图书馆可开发形式多样的文旅服务项目,助力周边游。例如在景区和酒店的基础上叠加丰富的娱乐要素,匹配高质量服务,为消费者带来多层次的旅游新体验,迎合游客不远行也有新探索的假日旅游需求。此外,短途高铁游、郊野露营、到地参团、当地一日游、轻户外等新玩法,也逐渐成为消费者假日出游的高频选择,图书馆也应该积极创新服务方式,提供服务项目,让广大游客体验差异化的游乐享受。

(6)积极吸纳社会力量参与馆中馆建设,打通智慧文旅资源投射的多重渠道,丰富图书馆的文旅体验。滨海新区图书馆吸纳社会力量参与"书山音乐图书馆"馆中馆建设。以公益服务满足滨海新区公众对音乐文献、视听、音乐素养发展的基本需求,打通智慧文旅资源投射的多重渠道,丰富图书馆的文旅体验。2021年,贵州在9个市(州)主城区建成12个"城市主题书房"。当前,贵州正在推动"城市主题书房"的社会化运营,鼓励引入社会力量,创新融图书阅读、艺术展览、文化茶座、轻食餐饮等特色服务,营造小而美的公共阅读和艺术空间,形成全社会共建共享格局。此外贵州的公共图书馆融合创新项目分别以乡村文化旅游融合、红色文化旅游融合、生态文化旅游融合、民族文化旅游融合4种模式,打造读者休闲阅读空间、本地特色的展陈空间、线上有声文献空间,以及以乡村文化、红色文化、生态文化、民族文化等多种方式为主题的研学空间等功能区域的图书馆延伸服务空间。截至2021年9月,贵州已完成7个文化和旅游公共服务机构功能融合试点。

总之,新时代和新环境下图书馆秉持多元包容发展理念,沿着该方向进行建设,逐步形成图书馆信息资源实体场景与虚拟场景交互并存、多元包容的发展态势,更加凸显其强大的文旅融合功能和文化底蕴,满足游客的知识需求和多元文化需求,更加有利于培育图书馆文旅深度融合的服务发展格局,为图书馆事业发展作出更大贡献。

第七章　图书馆文旅融合服务的发展对策

研究图书馆文旅融合服务的供给需求是实现图书馆高质量发展、文旅深度融合的重要基础,也是增进公众获得感、幸福感的必然要求。图书馆文旅融合服务有效供给包括理念革新、制度设计和馆员队伍建设等方面。作为一项公共文化事业,还需在服务进程中关注公众需求,持续优化图书馆文旅融合服务水平。此外,图书馆文旅融合服务治理理论的引入,既是遵循以合理需求分析为供给导向,整合图书馆信息服务资源的供给优化策略,也是充分发挥供给、需求主体间合作、协同、沟通等优势互补的作用机制,如此种种均可视为提升图书馆文旅融合服务质量的有效载体。

该章节从立足供给、聚焦需求和瞄向治理 3 个方面展开论述(图 7-1),形成需求牵引供给、供给创造需求、治理平衡供需的更高水平的、多管齐下的图书馆文旅融合服务发展对策,以期实现图书馆文旅融合服务从"适宜融合"的基础上实现"又好又快"的融合发展机制,继而提升图书馆文旅融合服务效率、丰富服务模式、增强吸引力等发展目标,进而满足公众日益增长的文化需求。

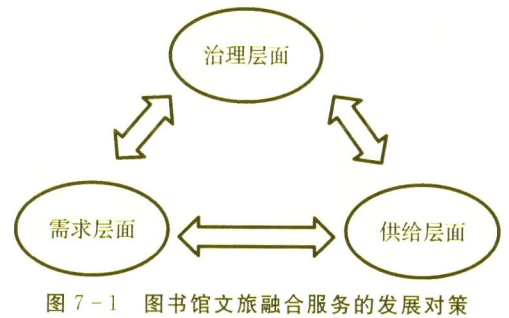

图 7-1　图书馆文旅融合服务的发展对策

第一节　立足供给层面

一、以理念思维革新为向导，推动图书馆文旅融合纵深发展

党的十八大以来，习近平总书记就文化和旅游工作发表了一系列重要论述，指导性地回答了事关文化建设和旅游发展的方向性、根本性、全局性问题。作为新组建的文化和旅游部门，如何推动文化和旅游高水平融合、高质量发展，尤为重要的是强化融合发展理念，最根本的是深入学习贯彻习近平新时代中国特色社会主义思想，特别是总书记关于文化和旅游工作的重要论述，用新思想定向领航，从新思想中寻策问道，对于图书馆文旅融合而言，理念思维革新至关重要。

(一)图书馆文旅融合理念革新的意义

理念革新就是指革除陈旧的、不合时宜的，或者未与时俱进的既定看法、观念和思维模式，而应以新视角、新方法和新思维，形成新的结论或观点，进而指导新的实践的过程。图书馆与旅游源起较早，且二者关系密切，然而文旅融合发展的意识尚未得到充分认识。日本许多基层公共图书馆主动形成适应契合游客需求的服务自觉，在馆内最显眼的位置摆放旅游指南文献，积极提供旅游信息服务。王世伟提出新时代需要树立文旅深度融合的新理念，从而更好地满足文旅融合的新期待。秦志华提出图书馆需要转变观念，突破传统服务思维的局限，才能更好地接受和适应图书馆事业发展的新情况。也就是说，文旅融合理念贯穿于图书馆的整体工作中，图书馆亟须转变理念，乘势而上，顺势而为，借势而进。

"诗与远方"的融合发展为图书馆创新发展提供了有利条件和环境，那么图书馆文旅融合发展就应本着"宜融则融，能融尽融，以文促旅，以旅彰文"的理念，以达到全域旅游与全域服务相融合的目标。图书馆勇于探索和创新，发挥资源、专业、文化阵地与人才优势，明确图书馆个性化服务、专业化服务水平提升，从"覆盖全社会"到"专业化服务"转型升级，让"文化是旅游的灵魂，旅游是文化的载体"落地生根。

此外，需要加大图书馆文旅融合服务的推广意识，向民众普及图书馆文

旅游的理念,充分认识到图书馆参与文旅融合的重要性,进而积极完善服务形式和内容,不断开拓创新服务形式,以专业化的文化资源为基础,辅以多样化的服务方式,结合文旅融合发展,拓展服务渠道,创新服务方式,提供品质化的大众服务和特色服务,只有这样才能使图书馆的文旅融合更有生命力,而不是一场图书馆的独角戏。

值得庆幸的是,近年来我国各级图书馆纷纷转变发展理念,以提高服务质量为目标,全力拓展旅游发展空间和文化服务领域,积极探索公共文化服务形式,以全新的阅读服务矩阵满足人民群众对文化和旅游服务的需求。

(二)图书馆文旅融合理念革新的方式

图书馆作为文化服务单位,理应树立文旅融合理念,积极参与其中。图书馆既要在思想上引起重视,找准战略布局,学习文旅融合的新理念和新经验,还要重视文旅融合的全方位融合,从图书馆的资源、技术和业务改进等层面实现文化和旅游的立体式、全方位深度融合。

(1)强化政策、文件制度等理论学习。思想是行动的先导,理论是实践的指南,要充分认识到图书馆参与文旅融合是推动图书馆和旅游业转型升级、提质增效的重要抓手,深刻认识到理论学习的重要意义。文旅融合背景下,图书馆应系统学习文旅融合政策、文件和制度等,全面领会文旅融合新思想,重视旅游服务,充分认识到图书馆参与文旅融合的重要性,积极为图书馆文旅融合服务创造更多的发展途径和可能。正如学者王世伟指出的那样,新时代图书馆需要树立文旅深度融合的新理念,从而更好地满足文旅融合的新期待。

(2)深刻认识积极开展文旅融合服务的重要性。文旅融合蕴涵丰富,图书馆文旅融合服务在形式和内容上有着多种探索的可能。随着公众幸福感、获得感的持续增强,公众文化休闲需求也日益旺盛,这些因素均是提升图书馆文旅融合服务水平的机遇和契机。在文旅融合背景下,图书馆旅游服务由过去的隐性服务变为显性服务,由延伸服务变为核心服务。因此,图书馆可设置专门的旅游服务岗位,面向读者、游客、景区提供高质量、专业化服务,切实落实"宜融则融,能融尽融"的文旅融合指导政策。

再次,学习掌握文旅融合的新技术、新手段,汲取相关方面的新经验。新技术、手段与新经验能为图书馆文旅融合提供强大的动力源泉,使其少走弯路。因而图书馆员要积极参加文旅融合研讨会,学习同行、实践层面的新经验、新理念和新方法,进而推动文旅融合深度发展。

(3)还须处理好效率和公平的关系。图书馆,尤其对于公共图书馆来说,其社会公益属性与旅游的市场经济特征需要寻找最佳平衡点。长期以来公共图书馆属于政府财政全额拨款的公益性事业单位,以公益服务为导向,以提供公共文化服务为己任。而旅游作为国民经济的重要增长点,企业利润最大化是其生存发展之道。图书馆与旅游渗透融合的本质就是事业与产业的优势互补。图书馆如何在保证公益性的基础上,提高文旅融合中文化服务的经济效益,旅游又怎样在文旅融合中促进文化产业发展并获取合理利润,是双方必须面对和解决好的一个现实问题。

(三)从图书馆文旅融合理念走向行动

1.搭建文旅融合新载体

经验表明,我们抓任何工作,都需要依托和创新平台载体,否则就会落空。推进图书馆文旅融合发展,是一个崭新实践,更需要"搭好台""唱好戏"。图书馆文旅融合的载体是"旅",如何在"旅"的过程中以文塑旅,以旅彰文,恰是图书馆助力文旅融合的关键所在。

(1)准确理解旅游是一种怎样的载体。文旅融合其实已经把旅游当作融合的载体,一般视角看旅游的目标较为简单,无外乎是以目的地景区为主的食宿玩娱购组成的活动,而时下逐渐回归游客的兴趣,崇尚人文和自然,智能旅游也渐渐兴起,例如旅游在订单-体验-产品智能化的同时,将逐步实现从线上到线下、从前端到实体产品体验的智能化,VR体验等新场景纷纷兴起,这些都可视为旅游载体的变化。那么在其中,图书馆符合参与其中,作为载体开展服务就显得尤为迫切。

(2)依托不同旅游发展载体,开展形式多样的文旅融合主题服务。例如图书馆可围绕旅游业"康、养、旅、居"的未来发展重点开展主题服务。我国康旅产业未来发展的机遇和挑战可以用"康、养、旅、居"4个字来概括,"康"是目的,"养"是过程,"旅"是形式,"居"是载体。康旅产业的细分,加之社会各方力量的积极作为,促进了康养产业的进一步发展。当全社会对康旅产业形成了一个凝聚的共识,那么社会资本的投入、政府资源的倾斜,包括百姓的认同,消费体验的意愿都会调试到很好的状态。养是一个过程。在中国传统医疗文化过程中,养是一个通识的文化意识,是当身体出现问题的时候,通过调试、调养,来达到一个理想的状态过程。养像文化基因一样存在我们的身体和血脉当中,是一种默认的文化常识,是身体中的本能。旅是一个形式,要离开日常的生活环境,通过旅行的状态去亲近自然,包括去熟悉陌生的人文环境,调试自己的身心,让身心达到统一的状态。居是一个载体,当前社会所打造的文旅酒店,或者体验的居住类产品,包括民宿、小镇营造出来的健康住宅类产品等都是载体,这些载体作为一个具体的实物,为大众打造一个适合康养的场所,满足他们追求健康的需求。

(3)做好"载体与发展"的文章,创新形式,丰富载体,促进图书馆文旅融合服务持续发展。应当秉持创新原则,不断探索和丰富文旅融合服务内容,打造多元化的服务项目,输出与众不同的新型内容,探索不同的服务项目,提升文旅融合程度,推动文旅融合事业多元发展。图书馆的管理层面上,要做到与时俱进,优化服务模式,推动以多元化管理为主体的现代管理模式,将文化服务向市场化迈进,提升文化服务的市场运作能力,以提高图书馆的整体服务水平。

2. 用好用活图书馆文化旅游领地

(1)图书馆既要立足本馆实际,还要结合文旅融合中的"文",既要从已有的服务资源和服务流程出发,结合文旅融合理念,将本区域文化、旅游资源与图书馆的发展目标相结合,在构思上突出新意,在内容上突出特色,找准图书馆行业的文旅融合重点,既不能舍本逐末,更不要隔靴搔痒,让民众能够看到远方,更能体验到诗意,把书香梦与美好的田园生活结合在一起,为更多的人打造理想中的"文旅圣地",真正让文旅融合成为推动图书馆空间提升、形成富有区域特色的文旅融合发展机制的有效方式。

(2)进一步活化与优化图书馆资源和环境,充分发挥图书馆文旅阵地的作用。例如,当前所处的大数据时代,图书馆应将馆内各种文化资源进行数据化、网络化处理,通过构建数据化的资源活化体系,呈现更加先进的资源展示格局,拓展符合新时代的"数据化"展示形式,让原本残损、静止的资源以新的技术得以"活化";拥有先进技术、有更好游览体验的旅游环境可以直接拉近游客与历史文化的距离,可以提升馆内文化资源的亲和力和吸引力,让游客更好地了解历史和传播文化;通过先进的拟态环境技术引进,构建与时代相对应的环境模拟,可以使游客从更多维度、更加深刻地去感受当时的文化环境氛围,深入理解其文化背景、历史活动及历史事件。

3. 深化图书馆文旅融合活动创建

图书馆要深耕文旅融合理念,在明确理念要点的前提下,借助异彩纷呈的文化活动,改善游客参观体验。一方面,图书馆在地方文化的传承和发展中承担着重要的职责和使命,是文化创新资源的拥有者和使用者。图书馆除承担传统的图书借阅服务外,还可以组织文化沙龙讲座、读者文化生活体验、国际交流、少儿阅读、文化展览、社会教育、文献出版等各类活动。另一方面,图书馆应充分利用自身的文化优势和硬件优势,契合旅游"食、住、行、游、购、娱"6要素需求,积极创新图书馆文旅融合服务项目。

需要注意的是,文旅融合是双向赋能、相互促进的发展过程,应坚持价值共创和效益共赢的发展导向。在政府的主导下,图书馆在强化意识、把握方向、全面设计、整合资源的同时,也要把握图书馆文旅融合服务内容和发展模式,以明确的公共服务清单和市场运营规划争取更多的经费支持,开发优质文旅资源,提升文旅融合服务效能。

二、以制度设计为引领,提升图书馆文旅融合的改革力度

从社会科学视角来理解,制度泛指以规则或运作模式,规范个体行动的一种社会结构。一般意义上,制度是指要求大家共同遵守的办事规程或行动准则。宏观上,制度是一个宽泛的概念,泛指在特定社会范围内统一的、调节人与人之间社会关系的一系列习惯、道德、法律(包括宪法和各种具体法规)、戒律、规章(包括政府制定的条例)等的总和。它由社会认可的非正式约束、国家规定的正式约束和实施机制3个部分构成。

1. 图书馆文旅融合服务制度设计的重要意义

当前,图书馆文旅融合还处于起步阶段。一方面,因为国家层面还欠缺针对图书馆与旅游融合出台相关文件、办法等,图书馆缺乏参与文旅合作工作的系统性、长期性规划与保障机制;另一方面,因为图书馆参与文旅融合发展的学术研究成果不足,图书馆与旅游业合作多以自发性合作居多,且文旅服务质量尚待提升。

建立并完善制度和规范,是图书馆文旅融合服务可持续发展的有力保障。一方面,图书馆应当与合作方签署规范统一的合作发展协议,以文本制度、规则或者约定等形式明确双方的权利和义务,既要保证图书馆文旅融合服务的正当

性和公益性,又要兼顾合作方在商业上的趋利性,找寻效率和公平的平衡点。另一方面,涉及的各级文旅主管部门应当根据现有的发展实践或者示范项目,研究并制定图书馆文旅融合的试行制度和标准,对于景区、地铁、酒店、民宿等合作单位的藏书数量、服务标准等内容做出明确的规范。这样的标准并非强制性的,但有利于上级主管部门对图书馆文旅融合发展进行监督和管理,进而实现图书馆文旅融合深度发展。滨海新区图书馆自2019年入选文旅部"全国文化和旅游公共服务机构功能融合试点单位"以来,积极发挥自身综合优势,与地域特色文化传承发展密切结合,促进文化与旅游融合发展,研究制定了《滨海新区图书馆文旅融合发展实施纲要》及系列实施方案,从文旅融合功能创新、设施建设以及服务开发3个层次入手,释放"滨海之眼"文旅创意新动能,构建文旅融合公共服务体系目标,着力推进公共图书馆职能在内容和结构上与旅游服务深度融合、有效运行、高质量发展。

2. 图书馆文旅融合服务的制度范畴

当今时代,文化作为一种力量成为全球性资源配置的重要内容,随着文化地位和作用的全球凸显,文化已经成为国家发展中最具决定意义的力量之一。党的十七届六中全会发出了"建设社会主义文化强国"的号召,党的十八大又提出了社会主义文化强国要"扎实推进"的具体要求,在党的十九大报告中,习近平同志再次重申了"建设社会主义文化强国"的要求,党的二十大报告在十九大报告"文化自信"基础上增加了"自强",强调"文化自信自强"是与我们要建设社会主义现代化强国相一致、相协调的。党的二十大报告明确提出,到2035年我们国家要建成文化强国。这既是中国共产党人以高度的文化自觉对国际形势及时代潮流的准确判断和充分把握,也是对人民日益增长的精神生活和文化需求的积极回应,更是基于对我国文化高度自觉基础上的文化自信而提出的重大战略任务。自从提出社会主义文化强国建设任务以来,特别是党的十八大以来,以习近平同志为核心的党中央不仅从战略上对文化强国建设实践进行了科学规划,还领导人民不断把文化强国建设的战略规划转化为具体的实施策略,深入开展建设实践,开启了新时代中国特色社会主义文化强国建设实践的新征程,也就是说文化强国的时代背景无疑是图书馆文旅融合发展的"最上位"制度。

2021年3月底十三届全国人大四次会议表决通过的《中华人民共和国国

民经济和社会发展第十四个五年规划和 2035 年远景目标纲要》,在其第十篇"发展社会主义先进文化提升国家文化软实力"中专设了"推动文化和旅游融合发展"专节,并指出:"坚持以文塑旅,以旅彰文,打造独具魅力的中华文化旅游体验。""实施文化产业数字化战略,加快发展新型文化企业、文化业态、文化消费模式。""推动文化和旅游融合发展,建设一批富有文化底蕴的世界级旅游景区和度假区,打造一批文化特色鲜明的国家级旅游休闲城市和街区,发展红色旅游和乡村旅游。"包括图书馆学、旅游学等在内的学界需要紧贴这一蓝图,重构面向图书馆文旅融合的研究及发展格局,通过学术研究、实践发展助推文旅事业高质量发展。

关于图书馆与文旅融合发展的相关制度还主要有《全面阅读促进条例》《中华人民共和国公共文化服务保障法》《中华人民共和国公共图书馆法》《"十四五"公共文化服务体系建设规划》等。例如,《全民阅读促进条例》中确认图书馆作为社会公共服务机构应向大众提供便利的阅读服务,可采取多种形式提供阅读服务,在各类公共场所设立阅读设施,提供阅读服务。

2017 年实施的《中华人民共和国公共文化服务保障法》中关于公共文化服务提出了明确的要求,要求各地方政府加大力度创建公共文化设施,全面推动优秀文化产业的发展,在此基础上实现全民科普以及阅读;对公益性文化部门来说,在服务内容及项目上需不断完善,为公民提供一系列优惠甚至免费的服务对策;基层文化服务机构需要对优势资源进行有效整合,创建一套科学合理的服务体系,将自身服务职能充分发挥出去,为广大民众提供各种阅读等公共文化服务;地方各级人民政府应当将诸多方式进行结合,结合地方性特征提供有效的文化服务项目。

2018 年正式实施的《中华人民共和国公共图书馆法》里面明确指出,在社会主义公共文化体系建设过程中,公共图书馆属于不可或缺的关键组成要素,未来任务就是引导全民阅读,其中公共图书馆发挥着相当重要的作用,肩负的重要任务就是推广全民阅读,让全民都有机会享受阅读、爱上阅读。并且《公共图书馆法》提到"政府设立的公共图书馆应当将配套设施进行完善,加大数字化资源的创建力度,通过线下线上融合的方式进行信息共享,为社会公众提供优质服务"。

此外自 2015 年发布的《关于加快构建现代公共文化服务体系的意见》、2017 年颁布的《"十三五"时期全国公共图书馆事业发展规划》等,同时国家在政府机构方面加大改革力度，创建了与之对应的文化旅游部门，由此可见，国家已经将文化旅游观念与思维提升至战略层面，预示着国家在文化旅游机制改革方面持续加大力度，同时也全面开启了国内旅游文化以及实践相结合的发展模式。

综上所述，全国很多地区公共图书馆发展速度持续加快，从最初的全覆盖发展到目前的可提供个性化以及专业化服务，中央以及地方政府对公民文化需求重视力度越来越大，同时也颁发了一系列法规体系，全面提升图书馆专业化服务水准。

不难看出，就图书馆事业本身发展来看，国家相继出台了一系列文旅产业优惠政策，推动文旅产业深度结合和发展。在文旅融合的背景下以及社会主义公共文化体系建设过程中，图书馆属于不可或缺的关键组成要素，责任重大，要全面参与到公共文化服务体系中，这也为图书馆和旅游行业融合提供了机会。然而还要关注旅游方面涉及的主要制度。如，《中华人民共和国旅游法》等国家法律的修订与颁布，为文旅融合发展提供了全新的政策背景及体制环境，是文旅融合外在的支撑力和推动力，为图书馆参与文旅融合服务提供了良好的环境。

3.图书馆文旅融合服务制度设计的原则

（1）坚持问题导向。问题引导立法，立法解决问题，制度革新应以图书馆文旅融合建设实践中出现的新情况和突出问题为导向，做出解决问题的制度设计，注重制度设计的针对性和可操作性，进而有效引领本地图书馆文旅融合建设实践。

（2）固化成功经验。近年来，图书馆文旅融合进程中，结合本地实际情况，从政策、体制以及机制等多个方面，在图书馆文旅融合管理、供给、活动、保障等层面探索出了一些行之有效、有示范引领价值的做法和经验，如大力推进基层公共文化设施社会化管理运营，创新探索出海淀区北部文化中心、美后肆时·景山市民文化中心等。图书馆文旅融合服务相关制度设计时，应将这些成功的做法和经验加以总结、提升和固化，在一定区域乃至全国推广，推动点上经验普适化，放大示范效应。

（3）突出地方特色。地域特色是图书馆文旅融合服务立法的灵魂和亮点。图书馆文旅融合不同于一般的公共事务，具有明显的地域性、特色化、鲜活性与生动性,不同地域的公民有不同的文化习惯。因此需在国家立法的指导下,结合自身实际情况做好具有地方特色的立法工作。

(4)坚持效率与公平有机统一。作为公益性文化事业单位的图书馆与营利性旅游产业融合存在着如下问题:①图书馆作为公益性文化事业机构,不具备旅游服务资质,不能独立开展旅游项目。②图书馆作为事业单位的身份,与从事文创产品开发经营的企业主体资格相矛盾。③在现行收支2条线的制度下,图书馆不能用文创产品销售利润冲抵文创产品开发开支,也不能用于奖励图书馆文创产品开发、设计人员,致使图书馆开发文创产品的积极性、创造性不高。种种问题需要制度革新来予以协调解决。

三、以馆员队伍建设为抓手,鼓足图书馆文旅融合的发展动力

在文旅融合背景下,对图书馆服务质量要求越来越高,对馆员的要求也更加严格,图书馆馆员队伍建设对于图书馆文旅融合服务的规范化和专业化开展起着决定性的作用。佟艳泽提出了图书馆文旅融合须健全图书馆内部的组织机制以及相关管理和服务制度、建立项目评估以及"培养+引进+激励"的综合人才培养等新机制。E. Bovero 对意大利摩德纳省图书馆馆员进行了调研,评估影响图书馆文化旅游项目发展的主要因素,探讨在文化旅游中馆员需要提升的专业技能。

文旅融合背景下,图书馆应引导馆员在创新理念上与时俱进,要求馆员必须具备过硬的专业知识和娴熟的旅游服务能力。那么图书馆就要注重馆员队伍的培养培训,还需从引进方面入手,坚持引培并举,促进馆员队伍建设。

1. 坚持馆员队伍为第一生产力的观念

人才、知识、科技等创新要素使图书馆文旅融合的融合、管理和消费方式发生了巨大变化,图书馆文旅融合对相关管理和服务人才的知识和能力也提出了更高要求。图书馆文旅融合对复合型馆员人才的需求猛增,不仅需要文化旅游从业人员在创意、产品、运营、市场、管理、增值服务等方面具备专业知识和专业胜任能力,也要熟悉现代文化旅游产业发展的特征和规律。但是目前,图书馆适应文旅融合服务的馆员队伍总量偏少,学历偏低,结构性矛盾突出,缺少真正能够引领文化旅游产业发展的各领域、各层次人才,缺乏既有宽广人文视野,又有精深产业理念的复合型高素质文化旅游产业经营管理的馆员队伍。也就是

说相应的馆员队伍的缺乏对图书馆文旅融合服务创新带来了严重的制约,馆员队伍建设迫在眉睫。

实施图书馆人才兴旅方略。文化旅游高质量协同创新发展的关键在于创新人才的引领带动,因此要不断加强图书馆与文化旅游行业、企业之间的交流,推进政馆、馆企、馆馆项目合作,把文旅产业规划、文旅产业管理与文旅旅游专业技能一起作为图书馆馆员队伍培养的必修课,提高馆员队伍的综合业务能力,培养多层次、精细化、复合型、多元化的文化旅游人才。另外,注重个性化和定制化文化旅游服务馆员队伍的培养,在体验深度化、服务个性化的文化旅游背景下,建设一支优秀的馆员队伍,势必能够更有针对性地为游客提供新的文化旅游服务和旅游产品供给。

2. 加强复合型馆员的培养培训

馆员队伍的培养与应用对于图书馆文旅融合发展的促进有至关重要的作用。从长远的发展及规划来看,出台人才支持政策,给予普通高校、高职高专的文旅类专业在招生、培养、就业方面更大的支持力度,联合高校开展定向培养的项目,直接为图书馆输送专业对口的复合型馆员。毕业生的就业问题,也得到了良好的解决,可以在一定程度上为较为偏远但是旅游资源可利用率较高的地方,如湘西、湘南等地的馆员队伍培养做好规划。正如学者李燕对此提出图书馆应培养和引进复合型人才充实队伍,同时与相关领域建立合作体系,聘请高水平的行业专家顾问,优化人才发展机制和环境。胡永辉认为要针对不同的馆员开展不同的培训,同时要优化激励机制,促使馆员坚定行业自信,这样才能更好地留住人才。张巧娜提出图书馆应与博物馆、文化馆和艺术馆等单位合作,联合社会相关力量共同培养相关馆员队伍。

还要建立相应的激励机制,在进一步提升馆员旅游服务技能和水平的同时,充分调动其旅游服务的积极性和创造性,开发出更多更好的旅游产品。一是开展旅游相关知识的普及教育。例如,利用闭馆时间组织全员学习旅游相关知识,多为馆员提供高质量的旅游知识讲座,可以邀请高校教授或业界专家授课,拓宽馆员的知识面。二是定期选派馆员特别是一线馆员到旅游学校进行专业培训。专业化、系统化的旅游培训有利于取人之长、补己之短,快速提升馆员旅游服务技能。三是鼓励馆员积极参与旅游学科等方面研究。可以考虑把研究成果作为年终评奖评优和职称晋升的评审依据,也有利于提升旅游专业服务水平。

坚持以馆员队伍建设引领文旅融合发展,结合图书馆文旅融合服务实际状况开展个性化培训发展,全面加强图书馆馆员队伍的建设,通过图书馆内部馆员的协商、沟通,制定相应的用人计划,安排、调整与规划好不同类型和规模图书馆馆员的专业化成长路径。陈岘筠提出图书馆馆员专业化成长步调与图书馆发展一致,应拓宽馆员能力提升途径,为从图书馆内部推动图书馆事业高质量发展提供思路。因此亟待加强馆员专业化培训和继续教育,做到馆员队伍精神素质和业务素质双提升,努力建成一支思想素养过硬,服务意识突出、业务技能精湛的文旅融合馆员队伍。

3.完善馆员队伍的引进方案

由于文旅融合提出的时间较短且发展迅速,在未来短期内有较快增长的趋势,长远的馆员队伍培养方案或短时间内对馆员的技能培训,并不足以满足现在和未来短期内旺盛的馆员需求,图书馆可另辟蹊径,引进多方人才,完善图书馆文旅融合人才队伍。

一方面,可引进国内外文旅融合方面专业技术人员,或高校、研究所中理论知识丰富的人才。也可通过考察等手段,与非专业性但有资深旅游、文化服务从业经验的社会人才达成长期合作意向以解燃眉之急。图书馆应积极寻求政府或旅游行业的政策、资金支持,建立一套完整的馆员引进方案,提供启动资金、馆员政策支持,吸收省外或国外专业技术较强、实践经验丰富的文旅融合专业人才,为图书馆文旅融合产业的发展增添新的血液。同时考察区域内外旅游行业,重点关注红色旅游、养生旅游、文化旅游等方面,寻找实践经验丰富、人脉资源广阔的从业者,以打造特有品牌、提升知名度、扩大市场占有率等条件吸引相关从业者的合作与投资,从内外两个层次解决图书馆文旅融合所面临的馆员队伍缺口。

另一方面,在图书馆人才招聘和人才保留方面,招聘具有旅游专业背景的复合型人才。当今时代图书馆的发展需要越来越多复合型馆员的加入,不仅要了解图书馆学、语言文学、信息管理方面的知识,还应具备旅游学科方面的服务技能,应注重旅游学、社会学及文化学等跨学科人才的引进和培育,源源不断为图书馆文旅融合服务提供支撑。

四、以图书馆新基建建设为契机,夯实图书馆文旅融合发展基础

图书馆新基建包含图书馆信息基础设施、图书馆融合基础设施、图书馆创新基础设施3个方面,这三者相互关联,互为促进,协同发展。图书馆信息基础设施是图书馆文旅融合发展的基础设施,助力图书馆基础设备、技术应用、数据中心等基础设施扩展升级,进而形成融合扩展的基础设施,如智能检索基础设施、信息共享空间、图书馆智慧建筑、智能书架基础设施等;图书馆创新基础设施是指用于科技创新、智库建设、专利分析决策等具有创新产出的基础设施,如深度应用数据库、数据仓库、机构库等资源库。图书馆信息基础设施解决设施设备的建成、集成,图书馆融合基础设施促进图书馆服务的联动及交互联动,而图书馆创新基础设施则强调服务的泛在提供,注重优质、高效、专业的创新服务供给。

图书馆新基建的重要组成部分就是平台创新,平台创新是指利用大数据、云计算、人工智能等新兴信息技术,构建图书馆文旅融合的新技术平台,推动文旅融合业态转化。①建立图书馆旅游信息服务联盟。全国公共数字文化工程已建成1个国家中心,33个省级分中心,333个地市级中心,2843个县级中心,32179个乡镇基层服务点。图书馆可借助全国公共数字文化工程遍布全国的网络优势,建立图书馆旅游信息服务联盟。在文旅部的牵头下,在国家图书馆统筹省级图书馆、省级图书馆统筹市级图书馆、市级图书馆统筹县级图书馆的纵向模式下,国家图书馆、省级图书馆、市级图书馆分别建立"图书馆旅游信息服务联盟"的总体框架、二级框架、三级框架,全国各地图书馆向该联盟上传旅游信息,实现全国范围内旅游信息资源的共建共享。②建立旅游大数据平台。依托现有的文旅部数据中心,建立旅游大数据应用平台,通过持续跟踪、收集、监测游客、旅游企业、景区、景点和旅游线路的数据,发布旅游业的各项结构性数据,指引游客合理安排出游,引导旅游企业健康有序运营。③建立图书馆文旅融合项目孵化平台。作为公益性文化事业单位的公共图书馆,不能进行商业经营,因此在文创产品销售、研学旅游和文化旅游项目开发等方面需要通过项目招标、创意孵化、创新创业大赛等方式,实现产学研联动,促进文旅融合项目与资本方的互动。

文旅融合视阈下图书馆发展研究

1. 完善图书馆环境设施建设

近年来,西安正走在文旅融合快速发展的路上,通过多点发力,完善城市旅游基础设施,打造出一个个文旅融合发展的新坐标。隋唐长安城文旅融合核心发展区、西咸新区、曲江高新经开"文化＋旅游＋科技"增长极、港务浐灞"体育＋旅游＋会展"增长极等,拉动着西安旅游产业的快速发展。据悉,仅2020年西咸新区就新开工或续建5个以上重点文旅项目。

故此文旅融合服务进程中,图书馆应探索与地方、区域发展相适应,与本地形象相吻合的发展方向和配套设施,提升图书馆文旅融合服务的基础设施,因地制宜地制定适合自身的软硬件环境,为图书馆文旅融合打下基础。

苏州第二图书馆的智能化书库,将互联网、机器人、人工智能等技术完美融合,打造了焕然一新的现代化新概念图书馆,成为更具吸引力的复合文化空间,满足公众多样的文化需求。通过借助现代科技手段,优化图书馆文旅服务的环境,积极联合或携手旅游景区等部门进一步优化或提升数字化服务平台或效能,加强数字化基础设施建设,以新兴技术推动文化和旅游的联姻,重构文旅产业供应链和产业生态,以区域文脉为主线,打造个性化的文旅融合服务产品,保障图书馆在文旅融合下发挥真正的文化作用,促进图书馆文旅融合长效发展。

2. 加快数字资源平台建设

重视文旅信息资源的共享,利用社交媒体等信息通信技术,搭载跨地区的文旅信息共享平台。①应加强图书馆之间的信息资源共享,实现各地区、各级别公共图书馆优秀资源共享,依托各图书馆内深厚馆藏资源,贯穿优秀文化底蕴,使各个公共图书馆文旅活动形成串联,搭建一个跨度范围广、内容丰富、种类多样的文旅产业网络,让用户足不出户即可通过网络平台查询各种文旅服务与资源。②应加快图书馆和旅行社、景区间的信息共享,方便读者与游客通过线上、线下等各渠道获取文化旅游信息,并打通图书馆与旅行社间的网站联系,在图书馆与景区、旅行社官方网站间设立友情链接,并建立具有地方特色的文旅服务网站,为游客提供一站式服务。③图书馆应聘请专业技术人员改进数字图书馆系统,提高信息检索效率,并开发专门的文旅融合数字平台,建立用户交流社区,通过机器学习等智能算法对用户浏览数据做出分析,为用户推荐可能感兴趣的文旅融合资源。张明、余妹、朱庆华等提出了基于移动视觉搜索

(mobile visual search,MVS)的解决思路。在对文化旅游领域移动视觉搜索研究和实践综述的基础上,从众包方式的资源采集、语义关联的数据聚合以及情景化服务设计3个方面对基于移动视觉搜索的图书馆文旅融合数字资源建设进行研究。谢镕键、石崇德从用户需求角度,对槟榔谷景区非遗数字图书馆的服务功能进行分析。

积极开发与打造图书馆智慧文旅服务环境。未来数字技术,包括5G、大数据、云计算、移动互联网、人工智能、虚拟现实(VR)、增强现实(AR)等,人人都可以说出这些数字名词,但并不是人人都使用过这些尖端的数字科技。这些数字技术与图书馆建立深度联合。过去图书馆是储放知识的地方,是文化聚集地,人人都向往。当代图书馆是尖端技术应用的地方,文化结合尖端技术,更加使人向往。在2019年中国图书馆年会"智慧·融合·跨越 智慧图书馆阅读服务创新"分会场中,各地图书馆的馆长及业务骨干分享了图书馆联合数字技术的期待和看法,有学者提到图书馆的5G应用场景,比如无感借阅、超清全景互动直播、智慧书房、精准推送、区域联盟服务协同等。图书馆今后应在数字技术驱动的基础上,通过数字技术与能量融合驱动方式,实现线上线下融合,虚拟与实体融合,数字资源与纸本资源融合,现代科技与传统人文融合,从而构建一个激发用户创造力的智慧文旅服务环境。

3.强化新技术应用

当前,数字技术改变了文化传播的路径,在未来数字技术将带给人类更加深刻的改变。无论是从人均收入情况、消费情况,或是国民阅读率等数据,都反映出民众愿意在文化产业中进行消费以及不断提高的阅读率,民众大部分的文化消费和阅读消费是由互联网引导,如阅读电子书,在家听网课,付费学习知识等。图书馆已不再是传统的主流文化传播之地,哪怕公共服务是免费的,但人们更愿意待在家里看手机。面对严峻的挑战和变化,图书馆必须寻求数字技术的融合与创新,让图书馆朝着信息化、数字化、智能化、智慧化发展和探索,技术融合形成新业态。文化科技融合是文化发展繁荣的重要驱动力,尖端数字技术应用到图书馆中,让图书馆从单一地看书借阅场景变成多项技术使用的场景,持续增加图书馆对民众的吸引力,让民众愿意出门加入图书馆的尖端技术体验和文化阅读。只有加强联合数字技术,创新技术融合,才能帮助图书馆再次成为文化传播的主流之地。

科技的进步会为图书馆文旅融合服务带来新的活力。随着科学技术的进步,图书馆也在向数字图书馆或者智慧图书馆转型,数字图书馆或者智慧图书馆提高了用户体验,用户可以利用碎片化的时间满足对阅读或其他文化方面的需求,享受科技带来的便利。图书馆应抓住机遇,做好向电子化与信息化图书馆的转型,搭建"空中图书馆",利用空中图书馆推广、宣传文旅融合活动,并学习旅游业线上出游的经验,选取适合在线远程举办的文旅融合活动,游客足不出户就可以参加各类活动,提高读者与游客活动体验。

同时,线下文旅融合活动可加入各种新型信息技术以增加游客体验,VR、AR是与图书馆文旅融合联系最为紧密的技术之一,这些技术使用计算机模拟系统,利用多种多媒体、建模、实时追踪、交互等技术,构建一个沉浸化的体验馆。VR技术称为虚拟现实技术,可以突破时空的限制,融入VR技术的文旅融合活动可为游客无限还原一个真实的场景,游客可身临其境地参与活动,享受最为真实的体验;AR是一种现实增强技术,在线上开展的文旅融合活动可利用AR技术增加其仿真度,游客可突破设备的限制,将文化遗迹、特色景点等项目从手机中"变"到现实中,增加其体验的真实性。

2019年年底爆发的"新冠"肺炎疫情,深刻地改变了人们的生活、工作及学习方式,线上购物、消费成为一种生活常态。文化消费方面,线上展览、线上阅读、线上演出也都因为疫情的影响而成为人们的重要选择。受到疫情影响,2020年和2021年国内旅游行业较为萎缩,旅游景点也大多采取限流等措施防止人群聚集。此时VR、AR等技术可解决游客聚集的问题,游客只需通过简单的VR头盔或VR体验设备,或在具有AR功能的手机、平板电脑等设备即可方便快捷地体验各种文旅融合活动,不仅突破了常规的出游模式,带来了良好的体验,同时也扩大了游客参与度。

重视信息技术,运用数字技术打造差异化文旅产品,助推图书馆文旅融合,顺应数字化大趋势。在这一环境驱使下,图书馆等传统文化机构也随机应变,纷纷上云、用数、赋智,加大新媒体、年轻化传播和在线化服务,并逐渐成为这些传统机构的发展增长点。同时,疫情加速了文化产业数字化的转型变革,传统文化产业不得不在多重因素驱动下走向在线化、数字化、智能化发展之路。随着文化、技术和科技融合成为大趋势,文化产品的生产和消费在提升效率的同时，必将重构图书馆文旅服务模式，文化价值链会随着技术的应用而深度重组，全新的数字生态也将为图书馆文旅融合的思想开放、合作模式、商业利益平衡等提供新的研究点、关注点和引爆点。

第二节 聚焦需求层面

一、布局和构建虚实相结合的游客文旅需求矩阵

重视文旅现状的调研分析，提供精准化的图书馆文旅融合服务。图书馆文旅融合服务创新发展应考虑到运营的持续性，这就需要图书馆在事前进行周密的调研、规划和事后进行统计调查和分析，以了解公众需求、利用行为与满意程度，努力为游客提供个性化服务。这就要求图书馆需要深刻把握与研究文化和旅游的法规制度，深入调研文旅发展现状，尝试内设专门的旅游服务岗位或者文旅融合服务部门，鼓励馆员面向读者、游客和景区开展文旅融合服务专题研究，不断促使图书馆文旅融合深入发展。

当下互联网撬动庞大的供应链体系，并打通了其与游客之间的连接。可以说互联网重新定义了旅游的消费方式，延伸了旅游体验的时空意义，故此图书馆文旅融合进程中就理应关注互联网背景下游客的需求信息，就应该注重旅游全过程与数字媒体的互嵌度日益加深的需求信息。例如，出游前，游客已经习惯性地参考网络媒介信息，形成对目的地的"初印象"；整个行程中，他们也依赖在线平台与现实中的价格进行比较，还要通过社交媒体及时分享乃至直播行程乐趣。其中，网络的内容生产、网友之间以及用户与自身之间的价值互构，成为现实旅游地之外的又一体验空间。这首先表现为虚拟社交平台上旅游评论对游客的决策具有重要的参考价值，游客越来越依赖真实旅游体验分享、旅游点评网站和景区官网的真实留言。随着短视频自媒体以及各大直播平台、综艺节目进入旅游宣传行列，热门博主在旅游地制作的视频、明星旅拍、旅游综艺，被开辟为景区、镜头下的"旅游者"以及潜在游客3方实现实时互动的"价值共创"场域，大量弹幕从屏幕上方飘过所营造的"氛围感""即时感"，生产和再生产着旅游目的地的生动形象。

可积极主动对接12301国家智慧旅游公共服务平台投诉数据、12345政务

文旅融合视阈下图书馆发展研究

服务便民热线,关注文化和消费数据检测体系及旅游投诉检测系统等数据平台信息,信息发现服务,探寻服务新"入口"。图书馆可以具体"信息"入口激活游客的地域文化需求,打造流动的数据流服务内容,这种流动的数据流有3个要素:一是开放性。它是知识流动的基础,开放性越高,知识的流动性就越大。二是关联度。关联是将独立的数据解放出来并连接在一起,互联网打破了现行的结构和传统的渠道,改变了人们获取数据的手段和方法,新秩序的建立依赖于关联度。三是传播力。数据开放出来,它需要有更便于交流的外部环境,互联网就成为提升传播力最重要的渠道和手段。

二、加强游客需求细节研究,构建游客群体画像

商务部研究院发布的《2020年中国消费市场发展报告》显示,"90后"在旅游消费群体中占比接近50%。而团队游时代不是消费主力的老年群体,现在因为"非常有闲"及"比较有钱",更重要的是出游动机被激活,成为旅游主力军,成为减小淡旺季游客量鸿沟的有效力量。研究显示,近年老年游客的平均出游时间为5天,人均消费在3600元以上,已经是一个万亿级市场,旅游逐渐成为退休人群的第一消费需求。同时,孩子出游从之前的增长见识等功能性需求演化为增进亲子情感的家庭新需要,加之研学游政策的保驾护航以及供给侧改革的持续助推,学校组织的亲子出游、夏令营、自然体验课等户外实践异彩纷呈。

在数字媒体的强势主导之下,青年与中老年消费群体不断向两端扩张,使旅游供需两侧的改革发展都获得更大的提升性和驱动力。一方面,年轻人对电子产品和数字信息的依赖,推动了文旅产业的深刻变革。国家文化和旅游局正在部署实施文化产业数字化战略,着力推动文化遗产年轻化、营销数字化。另一方面,老年旅游者吸纳、学习与运用数字化新技术、新产品的能力日益提升,他们的社会参与诉求强烈,渴望了解新生事物,有兴致、有时间学习如何拍照打卡并在各类家族群、朋友圈中"晒出"幸福与自信。老年人使用数字技术,延长了其旅游体验时间的同时,也增加了体验的深度。作为目的地东道主和数字资源生产者的"活力老人"同样成为积极老龄化的典型代表。可见,注重好看、好玩、有个性、强推荐的互联网生活方式提供了新的用户土壤。

随着旅游市场细分、差异化服务竞争的日益加剧,伴随着文旅消费群体及体验需求越来越趋向于多样化、个性化、自主化、品质化的特征,加大游客的研究力度与深度至关重要。可通过网络调查和实地调查问卷等方式了解文旅融合服务拟开展及已开展的工作情况,结合当地民众或游客对于文旅需求和现状的真实反馈和客观评价,实事求是地收集数据资料,形成科学有效的总结,作为规划和改善服务的参考,进而提供更为精准的图书馆文旅融合服务。

三、拓展与延伸图书馆文旅融合服务内容

文旅融合背景下,我国图书馆文旅融合不是简单的"图书馆+旅游",而是具有厚重的内涵,内涵激发多种服务增长点(图7-2)。在多样性和多元化服务创新的基础上,如研学旅行、阅读推广、乡村文化、流行文化、全域服务等,研究焦点突破了"图书馆+旅游"范畴,在业态上表现为渐从图书馆文化元素与旅游融合转向图书馆创意文化与旅游融合,发展导向逐渐从供给侧转向供给侧与需求侧并重。既要注重已有研究中学者提出的"吃、住、行、游、购、娱"的"老"旅游要素融合,还要关注新的旅游6要素:商、养、学、闲、情、奇,抓住现代旅游新特征和新机遇,形成融合有效切入点。

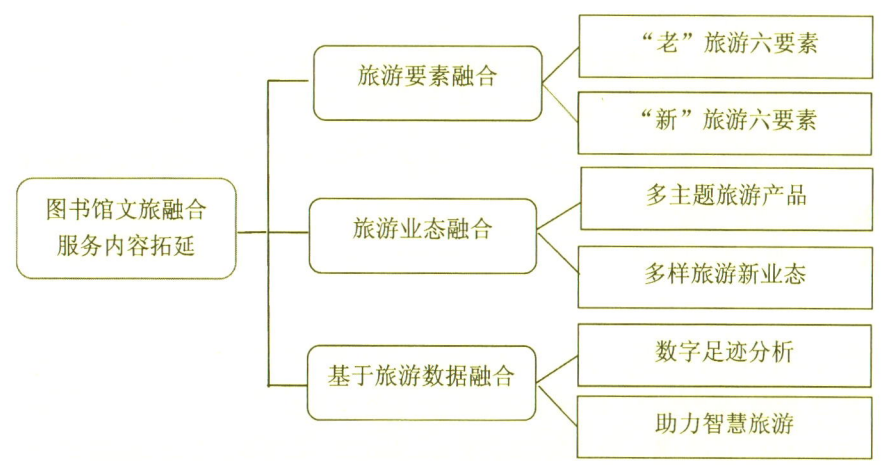

图7-2 图书馆文旅融合服务增长点

因此,亟待积极探索旅游业态的多元化、氛围化、高频化的融合发展,横向拓展融合乡村旅游、休闲度假、康养旅游等多元化旅游产品,纵向延伸融合"旅游+"带来泛旅游产业,如农业、健康、工业游等旅游新业态,创新图书馆拉动或带动式文旅融合服务新模式。还可聚焦旅游大数据,通过游客数字"足迹"分析,精准个性化提供文旅服务,推进全域旅游的智慧化服务,或为旅游管理部门

等提供有益发展的政策建议等决策咨询服务。

图书馆文旅融合服务内容扩展和深化,还应吸引不同学科背景的学者参与其中,如旅游行业领域从业者或学者、市场营销领域学者等,不断壮大研究队伍、丰富研究视角;研究机构不仅局限于高校图书馆、公共图书馆,而且还应扩大到中小学及旅游单位,如期刊《地理教学》专门开辟"研学旅行"栏目,发表的相关文献包含中小学教师的作品。同时,学者间可基于课题项目开展合作,以拓展图书馆文旅融合研究的群体。强化图书馆文旅融合的影响、旅游资源库建设、市场营销、文化创意产品开发、知识产权等多方面内容研究。

创新图书馆文旅融合模式,培育新的文旅融合服务增长点。图书馆的融合与创新要注重用户需求、实施途径、文化氛围营造,更要注重运营模式的创新,权衡好资源稀缺性和服务个性化之间的矛盾,发挥好用户需求满足和项目引领的作用,打造区域文旅新品牌,助力区域经济的增长。2020年3月,中国旅游研究院联合携程旅游大数据实验室发布的《15项发现和待启动的旅行:国人疫情后旅游意愿调查报告》中指出,目前,我国文旅热潮主要集中在一线城市,三、四线城市的下沉市场依然存在6.7亿左右的用户体量。这意味着区域消费群体的市场潜能巨大,图书馆应积极创新运营模式,加快区域文旅品牌的构建和推广,实现效益转化与提升的发展目标。

另外图书馆旅游元素的融合,初步形成了"图书馆+"的旅游融合路径,然而图书馆作为旅游景点及其与周边景点联动性和文化活动带动性尚缺深入探索,融合发展实践规模小、竞争力和影响力较弱,特色不突出,可参与体验的项目较少,缺少优质的品牌项目等诸多问题。故此图书馆需进一步延展服务、主动融合与聚焦旅游业及泛旅游业,积极参与和培育塑造或建构全新融合路径,可从旅游要素、旅游业态、旅游大数据、旅游合作等旅游业元素切合,不断创新融合发展路径,促使图书馆文旅融合朝向多领域、多层次、多元化、特色化的全面深度融合发展。

从现有文献可以看出,在借鉴产业融合发展理论基础上,国内学者对农村一、二、三产业融合问题进行了较多研究,具体包括农业与加工业的融合(农产品加工)、农业与文化旅游业的融合(乡村休闲旅游)等,但对农业与康养产业融合发展(田园旅居康养)、文化旅游业与康养产业融合发展(文化体验旅居康养)进行研究的文献比较少。农文旅康融合发展实质上就是将生态农业资源、文化资源、旅游资源和康养资源纳入一个系统进行统筹开发,带动资源、要素、技术、市场需求在农村的整合集成和优化重组,最终实现产业链条和链条延伸、产业范围扩大、产业功能拓展和农牧民就业增收渠道增加的过程。

第三节　瞄向治理层面

关于治理理论及相关概念在前述章节已有所论述,此处不再赘述。然而需要重申的是,中外大多数学者在关于治理的核心要素方面存在较强的共识。主要为,治理主体具有多元性,并偏重强调社会力量参与治理过程;多元治理主体在地位上是平等的,其作用和功能有差异,但是不可或缺;治理主体之间有较强的互动性,能够合作、协调与分享,不是权力授予或竞争状态;治理的目标是实现共同利益,促进社会发展等等。

党的十八届三中全会提出,推进国家治理体系和治理能力现代化,这标志着治理理论上升到国家政策层面,从而使治理理论获得了国家层面的肯定和支持。此后,治理实践都在创新中不断发展和进步,对我国各方面改革起到了重要的推动作用。文旅融合是国家治理创新的一项重要举措,是推动经济高质量发展和满足人们美好生活需要的必然要求,对图书馆文旅融合服务而言,治理理论及实践的引入势必会推动图书馆文旅融合服务的高质量发展。

一、构建图书馆文旅融合多元参与的发展机制

图书馆文旅融合事业发展的出发点和落脚点最终要落实到具体的"人"上,因而,与社会力量"共建、共治和共享"就成为图书馆文旅融合的基本方略。我国《公共图书馆法》从多方面规定了公共图书馆的"社会参与",在具体实践中,可将其和旅游规划充分融合。在共建上,《公共图书馆法》第四条第二款规定"鼓励社会力量自筹资金设立公共图书馆",而社会力量在设立公共图书馆时,可和城市的旅游规划相衔接,使其本身成为一项重要的旅游景点;在共治上,《公共图书馆法》第二十三条规定"吸收社会公众参与公共图书馆管理",公共图书馆文旅融合作为公共图书馆的管理事项,社会公众可依法参与公共图书馆文旅融合决策并对其进行监督;在共享上,《公共图书馆法》第二条将公共图书馆界定为"开展社会教育的公共文化设施",其中,"公共"二字表明我国公共图书

馆提供的公共文旅服务应由全民共享。总而言之,图书馆文旅融合事业与社会公众利益密切相关,因而需要鼓励和引导社会力量参与其中,以促进其馆藏优秀文化资源通过旅游实现更好的传承、传播和共享。

当前,普遍开展的馆际合作有利于各公共文化场馆之间的资源互通共享,扩大文化联通交流。公共文化场馆作为保障人民基本文化权益实现和提高人民文化素质的公共文化机构,在文旅融合新时代打破各自之间的文化功能界限,发挥各自优势,形成合力共同发展,有助于优秀文化知识的连贯传播,有助于公共文化场馆之间的共建共享,例如同一市区不同区县对于同一文化资源均有文化资源建设,促进馆际合作则会有效避免无谓重合的文化资源建设。促进馆际合作,能够更加充分地运用文化资源,促进文化旅游路线的规划打造,有效促进公共文化场馆同旅行社合作,"瞄准"当地文化特色,规划出行程便捷、饱含文化内涵的旅游线路,打造城市文化品牌。

在实践中,社会公众对图书馆文旅融合事业的参与并非"碎片化"的参与,而是从规划设计、机制运行到服务供给的全方面参与。在图书馆文旅融合的规划设计上,社会公众可对图书馆的规划选址、文旅融合路线、配套设施安排等提出切实可行的建议,增强图书馆文旅融合规划设计的科学性。在图书馆文旅融合的运行机制上,既要在图书馆法人治理结构中对社会力量参与图书馆文旅融合事业的程序和内容进行安排,有必要在图书馆文旅融合的具体事项中引入社会力量进行监督,还必须建立图书馆与社会力量共同推进文旅融合的合作机制。在图书馆文旅融合的服务供给上,政府可适当采购社会力量出资设立的图书馆提供的文旅服务,图书馆志愿者可为图书馆开展文旅活动提供服务支持,同时,还可吸收社会力量参与图书馆文旅服务的考核评价。

故此,在促进图书馆文旅融合建设上,要坚持"共建、共治、共享"的基本方略,学习"从人民群众中来,到人民群众中去"的工作方法,充分发挥社会多方主体的积极性,实现图书馆文旅治理体系和治理能力现代化。图书馆在确定文旅融合实现路线时,要积极收集社会群体的意见和建议,针对现有路线的不足提出改进方法,并以群众需求为核心实现服务的精准化。

此外,由于政府支持的有限性,图书馆应积极向外界募资,为其文旅融合提供物质基础。同时,为了获得更加稳定长久的经济支持,文旅融合背景下图书馆需要从公益性出发回报社会,如延长开放时间、加强对弱势群体的服务、免费提供传统文化技术学习（陶艺、戏曲等），使得图书馆在完成文旅融合使命的同时，将获得的社会支持以另一种形式回馈大众，塑造良好形象，增强社会认可，从而形成良性循环。除了征求社会意见和获取社会资金外，图书馆还可以通过志愿者招募的形式吸收更多的社会公众力量，通过考核培训来增强其专业素养，在建设高素养图书馆人员队伍的同时也为志愿者提供更多的社会实践机会。从战略意义上来看，这是一种双赢的合作。在文旅纵深融合的背景下，图书馆只有坚持政府主导、行业引领、社会力量参与的发展机制，科学优化顶层设计，才能有效提升服务创新力，促进自身的长足发展。

（1）加强与大众媒介的合作，加大图书馆旅游服务宣传力度。信息化时代，图书馆要打破传统服务模式，通过自身信息平台宣传引导的同时，也要主动与大众媒介合作进行推介造势，不仅要利用好报纸、杂志、电视、广播等传统媒体，而且也要善于利用 Twitter、Facebook、YouTube、Instagram、微信、微博、头条、抖音等新媒体平台增强与读者的互动，全方位、多手段保障文旅融合走向深入，加大图书馆旅游服务宣传力度，提高图书馆旅游的知名度。

（2）加强与旅游景区的合作，提高旅游景点的文化品位。例如，在规模较大、文化品位较浓的游客服务中心开辟分馆，或在景区有条件的宾馆、招待所设立阅览室，或者利用流动图书车在景区和图书馆间开展巡游。新建分馆或阅览室要紧贴地方特色，如红色文化馆、非遗阅览室等；所选图书类型追求轻且薄，便于翻阅；所选内容要以休闲娱乐为主，使得旅游者在欣赏美景的同时，可以享受片刻轻松愉悦的阅读时光。

（3）加强与教育培训部门的合作，提升人们的旅游文化素养。再好的旅游风景区、再深的旅游文化内涵，也需要有推介或欣赏它的伯乐，才能真正达到物尽其用的目的。加之鉴于旅游活动中时常出现一些不文明现象，图书馆有必要也有责任加强与相关教育培训部门的合作，在提高旅游从业人员服务技能的同时，进一步提升旅游者的知识文化素养，以更好地做到高效服务。

（4）加强与同系统部门的合作，增强旅游服务实践交流。孔子有言："三人行，必有我师焉。"随着我国公共文化服务体系的全面覆盖，博物馆、科技馆、文化馆等也都相继实现免费开放，其在服务实践中积累了不少服务经验。图书馆可以多与之进行切磋交流，互相借鉴，取长补短，进而更好地实现以文化促旅游，以旅游促发展。文旅教体融合是文化、旅游、教育、体育产业或部门在内外

文旅融合视阈下图书馆发展研究

部驱动要素影响下所形成的产业或部门边界模糊的现象,业态升级和资产通用是文旅教体融合的产业逻辑,需求高级化和需求复合化是文旅教体融合的消费。

(5)图书馆行业组织要积极与旅游学会、旅游联盟、旅游服务组织展开合作,在学术研究、资源共享、平台建设、全民阅读、决策咨询以及对外交流合作等方面发挥重要作用,创新工作机制和服务理念,促进文明旅游和生态文化建设,助力图书馆文化的旅游产品供给和服务供给。例如 2020 年 6 月,在当地文化和旅游厅(局)、国家广播电视总局以及行业协会的促进下,川渝两地签订了多项文化旅游合作协议,包括共建公共服务示范区、图书馆联盟等多个项目。合作旨在推进巴蜀文化旅游走廊建设,戮力同心将巴蜀文化旅游打造成具有中国特色的国际品牌。

新时代的图书馆不仅是单一的书刊借阅和知识供给机构,还要具备社会教育、科学研究、娱乐休闲等功能,只有通过跨界融合才能打破资源与资金不足的难题,在社会转型和行业转型的背景下加速图书馆创新发展。图书馆既要利用自身优势开展创新服务,又要积极利用社会资源不断拓展更多功能。《中华人民共和国公共图书馆法》将"社会力量参与文化建设"列入法律条款,从设立主体、享有权利、扶持政策、参与方式等层面对社会力量参与公共图书馆建设给予支持。因此,图书馆应积极主动寻求与旅游景区、博物馆、纪念馆、档案馆、展览馆、美术馆、摄影协会等组织和机构的合作,组建文旅合作联盟,制订独具特色的文化旅游线路,协作带动文化与旅游产业融合发展,同时积极参与、举办与文化旅游有关的国际会议、节庆活动、展览会、交流会等,扩大和提升自身的社会影响力。

二、建立图书馆文旅融合的法人治理机制

2017 年,中宣部、文化部等七部委联合印发了《关于深入推进公共文化机构法人治理结构改革的实施方案》,其中明确将博物馆、图书馆、文化馆和美术馆等纳入了进行法人治理结构改革的范围。这一方案的提出,在客观上既是国家治理水平和治理能力现代化的体现,同时也是政府职能向"服务型"政府转变的体现,是理顺政府、公共文化机构和市场关系的重要举措。各地公共文化场馆自此进行了不同程度的理事会的建设。然而,这一举措的提出并没有达到应有的效果,理事会在公共文化场馆的工作中并没有起到主导作用,仅起到了监督的作用,没有决策权力,社会力量在理事会的人员构成中占相当小的一部分,没有起到优化管理体制和运行机制的效果。法人治理结构在绝大多数地区的公共文化场馆内已经普遍存在,但是在文旅融合后,面对社会力量参与较少、工作人员积极性不高等问题,其自身没有发挥应有的协调作用。

实施法人治理结构,不断提升内部规范化管理水平。要按照成立理事会的相关要求,尽快建立以理事会为核心的法人治理结构,明确规定理事会是博物馆的决策机构,坚决克服"一人集权"制的管理模式。具体要做好3点:①制定好权力清单,坚决理清理事会、创办单位或个人以及博物馆执行层之间的各自权力及其关系。这是理事会发挥作用的重要前提。②理事会成员应有一定的广泛性,其成员应由创办者、单位职工、政府部门和社会人士的代表组成。这是非国有博物馆具有公益性、社会性特征的重要体现。③理事会的理事不在图书馆内承担具体职责,不领取任何报酬。这是确保非国有图书馆健康发展的基本保证。以理事会作为非国有图书馆的决策机构,可以保证图书馆的社会公益性目标,在实现目标的过程中保持图书馆的健康状态。

法人治理结构是利益关联方基于共同目标、共同参与治理而形成的组织框架和运行机制,其运行原理是将决策、执行和监督进行适当分离,使之相互制约和相互促进,其组织框架通常包括理事会和管理层,前者负责制定宏观战略决策,后者负责具体实施。早在2013年,《文化部关于印发〈全国公共图书馆事业发展"十二五"规划〉的通知》中就提出:"以转换机制为手段,以增强活力为重点,以改善服务为宗旨,建立公共图书馆法人治理结构。"我国《公共图书馆法》第23条进一步规定:"国家推动公共图书馆建立健全法人治理结构,吸收有关方面代表、专业人士和社会公众参与管理。"这一规范表明,法人治理是未来公共图书馆治理的基本方式。图书馆文旅融合治理作为图书馆法人治理事项中的重要内容,也必须按照法人治理结构进行管理,从而转变此前"行政官僚式"的治理机制,增强图书馆推进文旅融合事业的活力。同时通过引入增强决策科学性的专业力量和增强决策民主性的社会力量,充分发挥理事会、管理层在图书馆文旅融合事业发展中的作用,促进图书馆文旅治理的现代化进程。

具体而言,我国图书馆文旅融合的法人治理机制改革既要遵循中共中央和国务院关于分类推进事业单位改革、建立和完善事业单位法人治理结构的政策

文旅融合视阈下图书馆发展研究

指引,又要充分考量各类各级图书馆文旅融合的特殊性,从以下3个方面具体展开:①建立健全以理事会制度为核心的公共图书馆文旅融合决策监督机制。理事会一般由政府代表、公共图书馆代表、专业人士代表和社会公众代表组成,主要负责制定公共图书馆文旅融合的发展规划、财务预决算、重大业务等决策事项。同时,可在理事会下单独设立监事会,负责监督公共图书馆文旅融合中各理事的履职情况,并建立理事责任追究机制。②完善以明确管理层职权为核心的图书馆文旅融合执行机制。图书馆文旅融合的管理层作为理事会的执行机构,对理事会负责,按照理事会的决议独立自主地履行推进公共图书馆文旅融合具体事项的职责,并向理事会报告工作。管理层通常包括行政负责人和其他管理人,其中,行政负责人主要指的是公共图书馆馆长。③构建以图书馆章程为核心的文旅融合治理规范机制。图书馆文旅融合工作的推进须在图书馆章程范围内展开,以推动图书馆文旅融合治理的规范化进程。

三、创建图书馆文旅融合的区域联动机制

图书馆作为旅游者重要的旅游目的地,其丰富的馆藏资源、特色的建筑风格、深厚的文化底蕴等元素,通过创意产品开发、组织研学旅游和会展、开展讲座等活动,被嵌入全域旅游网络之中,极大地增强了旅游的文化内涵,也使之成为吸引游客的重要"旅游意象"。从此种意义上来说,将图书馆纳入全域旅游之中,建立区域内和区域外相互协同的文旅融合区域联动机制,既是推进图书馆理念、职能、市场、产业、服务和交流的全面深入融合,又是解决图书馆文旅融合同质化严重、资源分布不均和规模效益不突出等问题的有效方案,还是拓宽图书馆文旅服务范围、打造图书馆文旅服务优质品牌、满足社会公众多层次和多样性的文旅需求的基本路径。

当下,我国旅游领域的"全域旅游"与图书馆领域中的"全域服务"已然形成了历史性的交汇,成为新时代图书馆文旅融合的显著特征。因而,推进图书馆文旅融合必须找准"全域旅游"和"全域服务"之间的连接点,并建立以下区域性的联动机制:

首先,图书馆文旅融合服务的省域内联动机制。图书馆既可以特定的城市为中心,加强城市区域范围内不同图书馆之间的联动,实现综合性公共图书馆和专业性公共图书馆在推进文旅融合事业中的良性互动;又可以省级图书馆为

核心，通过建立"省市县"之间的公共图书馆联盟，加强省域内不同级别公共图书馆之间的文旅合作，充分发挥各级图书馆在推进文旅融合中的比较优势。

其次，图书馆文旅融合服务的省域间联动机制。图书馆既可以其所在的省域为中心点，发挥其与相关省市公共图书馆的文化特色优势，由近及远地推动公共图书馆文旅之间的省域合作，实现优势互补；又可在全国图书馆联盟、协会等行业组织的指引下，建立国家图书馆、省级图书馆和专业性图书馆之间的文旅合作机制，破除公共图书馆文旅融合的区域障碍。

最后，助推图书馆文旅融合发展，增强区域互动潜能。文化同根同源，特别是一定区域内的文化有着共同发展的向心力和相似性，通过协作合作更是能在一定程度上增强区域合作凝聚力、放大区域协同竞争力。近年来，粤港澳大湾区、"一带一路"建设、京津冀协同发展、长三角一体化发展、长江经济带发展、黄河流域生态保护和高质量发展、成渝地区双城经济圈等国家 7 大区域相继成立，无形的"文化"对这些区域高质量建设举足轻重，携手共同做大文化市场成为发展的必经之路，也为图书馆文旅融合提供更多发展平台。例如，"大运河阅读行动计划"属于"阅读+行走"路径的典型之作，其基于全域旅游的概念，以大运河为旅游主题，以阅读为根本承载，开通了沿岸 18 个城市的阅读接力活动，各个城市站点也依托自身的资源优势，积极开发丰富多元的文化服务活动，强化文化资源信息的渗透。并且活动邀请了文化名家、知名作家、书画大家等，为游客讲述运河的历史故事，诠释运河发展脉络，一度掀起"讲运河、读运河、游运河、写运河"的文化热潮。

第八章　图书馆文旅融合服务效果评价研究

效能建设是管理科学的重要组成部分，是管理方法的一次重大革新，就图书馆文旅融合服务而言，其反映了图书馆注重管理技能和方法，注重服务质量和服务结果。在效能价值导向下，图书馆文旅融合服务尚需注重服务效果评价的衡量标尺建立，扭转图书馆建设方面的重投入、轻评价的理念，主动建立健全服务评价体系，从而实现图书馆资源优化配置和服务效能的提升。

故此，效能建设应成为新时代图书馆文旅融合服务的重要内容和价值导向，其主要举措之一则是图书馆文旅融合服务效果评价。图书馆文旅融合服务效果等同于服务的有效性，衡量的是图书馆文旅融合服务达到预期的效果或影响程度，达到合理协调和平衡有效供给短缺和无效供给过剩的矛盾，进而最大限度发挥图书馆助力文旅融合的作用。从战略地位看，图书馆文旅融合服务的有效性某种程度体现了文化改革和发展的成功，服务有效性不断提高，与社会需求相匹配，才能真正做到党的二十大报告提及的围绕增强人民群众的文化获得感，不断提高公共文化服务效能的精神内涵。

第一节　图书馆文旅融合服务效果评价的原则与目的

一、评价原则

1. 系统科学原则

图书馆文旅融合服务效果评价的首要原则就是系统科学的原则，即通过科学的方法和程序对整个服务项目进行系统、全面和客观评价，具体包括以下4方面内容。

（1）系统性原则。图书馆文旅融合服务效果评价是一项复杂的系统工作，因此在实际的评价过程中,需要设计和选择能够系统反映服务全过程的评价指标并建立完善的评估程序。一方面,在评估指标选择上,需要结合图书馆文旅融合服务的自身特点,具体设计一整套能够系统反映服务项目过程的评价指标体系。另一方面,在评估程序设计上,需要系统考虑图书馆文旅融合服务的目标设定、过程评估和结果评估的相互关系,并系统设计各阶段工作的彼此衔接。

(2)全面性原则。在图书馆文旅融合服务的过程中,存在着图书馆、相关服务供给机构和游客等不同参与者,需要投入大量的人力、物力、财力等。因此,图书馆文旅融合服务效果评价需要遵循全面性的原则,准确反映图书馆文旅融合服务所有参与者在活动过程中的意见和态度,全面反映各种资源的投入和使用效率。

(3)客观性原则。图书馆文旅融合服务效果评价应当尊重客观实际,避免主观随意性。评估的方法和指标选择要因地制宜选择能够有效获取相关信息的评估方法和指标。同时在评估过程中,要对图书馆文旅融合服务进行客观的评价,如实地反映图书馆文旅融合服务的运行过程和最终结果。

(4)科学性原则。要保证图书馆文旅融合服务效果评价的系统性、全面性和客观性,就必须遵循科学的理论和方法。一方面,从科学的理论出发,明确图书馆文旅融合服务的本质特点和全部过程,进而设计系统、全面的评估指标。另一方面,利用科学的方法收集和处理资料,明确各个评价指标之间的内在逻辑和相关权重。

2. 多元评价主体相结合原则

图书馆文旅融合服务效果评价需要通过扩大评估主体范围并合理确定它们的相对重要性,形成以图书馆、社会公众和第三方评估等共同参与的多元主体结构。首先,图书馆文旅融合服务活动的开展是图书馆助力文旅融合发展的重要路径,因此图书馆的基本条件如资源建设、人员配置、活动环境等因素对活动的开展有着重要的保障作用。其次,社会公众作为服务的受益者,对服务项目的最终结果具有最直接的感受。因此社会公众对于服务供给满意度的信息是不可或缺的一个方面,检验服务效果是否符合公众需要。最后,来自高等院校、科研机构、供应商机构等技术人员组成的专家组,作为服务效果评价的第三方,主要负责解决技术上的难题,协同图书馆确定考评指标、考评标准,对服务效果进行分析评价。

然而,由于社会价值偏倚的存在,各评价主体间的利益偏好和认知是不同的,他们从各自自身利益角度对政府服务效果进行评价,可能会影响评价结果的客观性和科学性。因此,在服务效果评价过程中,还需要对各个评估主体意见的客观性进行甄别,并合理设置不同主体意见的影响权重。

3. 过程评价与结果评价并重原则

图书馆文旅融合服务效果评价需坚持过程与结果并重的评价原则。过程评估是对图书馆文旅融合服务的行为监督,监督的目的是发现问题和解决问题,保证服务提供的数量和质量。科学、合理的效果评价要求对全过程进行资料收集、加工和分析处理,全面、系统、客观、准确地反映图书馆文旅融合服务的真实情况。而结果评价则是对图书馆文旅融合服务最终成果的检验,将图书馆文旅融合服务的过程监督与图书馆文旅融合服务的结果评估结合起来,从而有效地控制图书馆文旅融合服务的全过程,并在第一时间发现图书馆文旅融合服务活动中存在的问题,有利于保证图书馆文旅融合服务最终结果的实现。

4. 定性与定量评价相结合原则

图书馆文旅融合服务效果评价既有定性的评估指标也有定量的评估指标。定性指标主要通过各个评估主体对图书馆文旅融合服务项目的状况进行评定和判断,能够综合反映图书馆文旅融合服务项目的本质和总体情况,而且容易获取相关的指标信息,但具有很强的主观随意性。

定量指标则是通过一些实地的测量和调查,获取图书馆文旅融合服务项目的相关数据,具有较强的客观性,但缺乏综合性,同时一些定量指标数据也很难获得。在实际的评价过程中,大多是采取定性评估和定量评估相结合的原则。通过定性评估的方法确定图书馆文旅融合服务项目的总体状况,同时利用定量评估方法对定性评估的结论进行验证和检验,进而获得对图书馆文旅融合服务项目的全面而有效的评价结果。

二、评价目的

评价目的是指评价要达到的预期目标和要求规定,制约和引导着整个评价工作的开展方向和具体做法。具体到图书馆文旅融合服务,其评价目的整体上可概括为2个方面:一是为了提升图书馆及其图书馆文旅融合效能;二是为了便于游客的利用,更好地满足游客的图书馆利用需求。

对于图书馆文旅融合而言,评价的主要目的是将效用评价结果作为参考反馈给图书馆，帮助组织者了解活动开展的不足和成功经验，改善图书馆文旅融合的规划、设计和实施环节，提升组织管理水平及服务质量；对于用户而言，评价的主要目的是通过形式评价和内容评价获得用户观展的个人体验和满意度，了解图书馆文旅融合活动是否满足读者需求、是否对读者提升文化素养有帮助。

可以说，图书馆文旅融合服务质量与效能发挥程度是图书馆文旅融合发展进步与否的衡量标准，是对图书馆文旅融合服务工作的重要反馈，是图书馆文旅融合服务长足发展的关键所在。目前，关于图书馆文旅融合服务效果或效能评价研究和实践相对较少。尤其是图书馆文旅融合背景下，层出不穷的融合服务模式和实践的探索，导致用户在实际体验中易产生心理落差，一次性体验居多，持续性利用较少，加上用户反馈机制并未健全，严重影响了图书馆文旅融合服务可持续发展。因此，研究服务效能的影响因素并提取重要的评价指标，构建体现服务特征的效果评价体系，有助于图书馆创新型服务顺利转型和持续开展。

总之，图书馆文旅融合效果评价应以提升用户体验感和获得感为根本目的，以提升图书馆文旅融合服务水平为立脚点。同时也应认识到，构建的评价指标或指标体系是衡量图书馆文旅融合服务质量的有效手段，但也可能造成偏于笼统和抽象，容易导致评价活动流于表面，造成实际价值有限等问题。因此，图书馆文旅融合效果评价时，应在总体评价目的的指引下尽可能将指导方针、评价原则和构建评价体系等具体化和明确化，即针对某一具体服务活动的服务评价，应尽可能地细化和分解主、次要目的以及中、长期目标，做到"有的放矢"。

第二节　图书馆文旅融合服务效果评价的理论、模型与方法

一、服务效果评价的相关理论

一方面，有必要借鉴关于绩效或效果评价等相关的基础理论。自20世纪60年代起，绩效评价在理论与实践的不断交互中日渐成熟，JosePhs.whofcy等将绩效评价视为一种融合多种判断价值的工具模式，美国的国家绩效评估中心将绩效评价定义为："为便于做出正确决策，利用绩效信息建立科学、系统的绩效指标体系，以便于资源的整合及优化配置，并为管理者提供有效的决策依据，

通过反馈并最终达到目标的管理过程。"从西方发达国家的治理实践过程来看，绩效评价的实质是新型的责任机制。

绩效评估包含着丰富的内容，它不仅仅是"绩效"二字体现出来的成果业绩、贡献度等，还包含了对工作人员的工作态度、工作能力、发展潜力的评价，在一定程度上，也反映出绩效评估的发展是一个不断递进的过程。在微观层面上，绩效评估是对服务人员的成绩、贡献的认定；在中观层面上，绩效评估是对政府和事业单位，包括非营利组织的相应部门履职效果的相应评价，如政策制定实施的情况，项目进展的状态，给群众提供服务的水平等等；在宏观层面上，绩效评估是对整个公共部门的绩效测评，表现为政治的和谐与稳定，经济的健康与发展，人民生活水平的稳步提升，社会的公平正义，国家稳定和社会和谐，精神文明的不断发展等方面。

还需要重视关于公共部门绩效评估的相关理论的研究。公共部门绩效评估作为政府提升的重要手段和集体措施在政府公共管理实践中广泛运用，体现了当代公共部门在吸收借鉴私人部门管理方法与经验的先例，为公共管理理论研究提供了新的视角，并在相当程度上给西方国家带来了管理效率的提高和管理能力的增强，各种社会危机和矛盾得到了相对缓和。绩效评估在非营利机构中也得到了空前的重视与巨大的发展，它能促进政府、媒体和公众的工作责任感不断增加，还能使管理者重视公共机构，致力于提高绩效、关注工作结果与积极工作。

还需注意的是，绩效评估应结合图书馆服务评价的相关理论。公众满意度是建立在群众主观感受基础上的情感反应，而群众的主观感受受到自身生活习惯、价值理念、社会认知等因素的影响，成为一个非绝对的、动态的概念，使它具有强烈的主观性。公众满意度并非感知本身，而是公众对于服务主体的事后感知和事前期望值相比较后的感受结果。通常来说，公众满意度有模糊性、主观性、开放性等特点，正是因为公众满意度具有上述特性，反映了大众在获得服务后的感受和获得服务前的内心期望的对比。因此，公众满意度等相关理论的引入、借鉴和研究有助于政府部门从宏观上认识到当前阶段提供的服务是否能够满足人民群众的切实需求，从而发现其中存在的缺陷和不足，并进行优化改进，从而提升政府部门公共文化服务的效率，促进服务型政府的转型升级。

另一方面，绩效评估还要考虑旅游业发展的相关理论。旅游业发展质量理论。质量，在物理学中指物体所具有的一种物理属性，是物质量的量度，有微观和宏观质量,微观质量主要指产品质量,宏观质量指产业、区域或国家等宏观总体的行为状况及后果。发展,立足于变化,用来描绘一定社会状况及所经历的变化过程。旅游业是现代服务性产业,不同于农业和工业,它体现了游客与目的地之间一种特殊的人地关系。因此,从"人地关系"视角,旅游业发展质量可以分为游客的旅游质量(人的要素)和目的地的旅游质量(地的要素)。其中,游客的旅游质量侧重于微观质量,指游客在旅游活动过程中建构的主观感受,包括旅游产品、服务及体验等质量。目的地旅游质量侧重于宏观质量,指旅游业对目的地经济、社会、文化、生态方面的影响,有积极和消极影响,类型上包含了客源、产品、企业、国际化、从业人员、配置效率等多个方面,高质量发展丰富了发展质量的内涵,是在新的发展环境、条件和阶段下提出的新要求,由高速度向高质量发展转型,本质上更具丰富性和多维性。

同样,在新时代,旅游业发展质量需要在原有基础上,对其进行升华与丰富,可从民生指向观、经济发展观和系统平衡观3个视角来理解。①民生指向观。随着人民生活水平的大幅度提升,人民对美好生活的需求层次逐步提高,对物质产品服务的需求由"有没有"变为"好不好"。旅游业被定位为"幸福产业",优质的旅游产品及服务是旅游业朝向高质量发展的重要抓手,是满足人民对"美好生活需要"的"标志"和"刚需"。②经济发展观。旅游业要高质量发展,经济建设是重要支撑,高质量发展要求旅游业由"总量扩张"向"结构优化"转变。因此,在高质量发展背景下,旅游业经济发展既包括旅游经济结构(产业结构、投资消费结构等)的优化,还包括资源利用效率的提升和稳定性能的提高,要求旅游业转变增长方式、切换增长动力、提升发展效率、稳定经济成果。③系统平衡观。新时代,旅游业要高质量发展,不再是简单的经济总量增长,而是旅游对区域经济、社会、文化、生态、民生的全面提升,要推动创新发展成为主要动力,与其他产业协调发展成为内生特点,绿色发展成为普遍形态,开放发展成为必由之路,成果共享成为根本目的。

二、服务效果评价的模型

随着服务效果评价问题的不断增长和关注,评价模型的相关研究也逐渐增多,且对于效果评价质量也起着重要的作用。例如基于经济性、效率性、成果性的"3E"评价模型;基于投入、产出、后果、效率与成本收益的美国政府会计标准委员会的评价模型;基于一致性、效率、效果、成本与收益分析的澳大利亚"计划评估"模型等。目前效果评价的模型众多,且尚无具体分类方法,笔者则依据服务质量和价值取向等对图书馆文旅融合服务效果评价有着密切相关或者可借鉴意义的模型予以阐述。

1. 服务质量差距模型

(1)LibQUAL 模型。LibQUAL 是美国研究图书馆协会(ARL)在 2000 年 8 月提出的一种用于图书馆服务绩效测量的工具。它脱胎于服务营销领域的 SERVQUAL 工具,植根于 GAP 模型(服务差距模型)。自 1999 年萌芽以来,其测量内容由开始的 8 个维度 41 个具体问题演变为今天的 3 个维度 22 个具体问题。LibQUAL 将服务水平分为 3 种:最低服务水平 minimum service level、感知服务水平(desired service level)和期望服务水平(perceived service level),这 3 种水平均按 1~9 级的标准测度,1 表示最低级,9 表示最高级。从三者的比较可以得出反映服务质量的 3 项差值:服务满足感(service adequacy):感知值与最低值的差、服务优越感(service superiority):感知值与期望值的差、可容忍区间(zone of tolerance):最低值与期望值的差。

LibQUAL 的调查问卷可分为 5 个部分:①问卷调查的 22 个核心问题。②用户满意度(3 个)和信息素养教育效果(5 个)调查。在以上 2 部分中,用户分别为这 30 个具体问题选取一个代表响应程度的等级值,等级范围为 1~90。③图书馆利用频次调查。分为 3 个问题与每天、每周、每月、每 3 个月和从不 5 个频次。④用户信息调查。包括性别、年龄等问题。⑤一个无限期开放的意见栏。以便用户详细阐述关切的问题与提出有效建议。当用户完成调查问卷后,调查的数据将直接传递给 LibQUAL 管理中心的数据库服务器。LibQUAL 管理中心将对数据进行分析、处理和比较,然后将数据报告返回给图书馆。报告将会对用户期望、感知和最低能接受的服务之间的差距进行分析。

(2)SERVQUAL 模型。20 世纪 80 年代末,A. Parasuraman、Zeithaml 和 Berry(简称 PZB)在对服务质量模型进行探索性研究的基础上,在全面质量管理(total quality management,简称 TQM)理论的基础上,提出了新型服务质量评价工具——SERVQUAL。SERVQUAL 的理论核心即是上节所提到的"服务质量差距模型",该模型的本质主要是反映用户在服务过程中实际感受值与提供服务之前心理预期值之间的一个差值。因此满足用户的期望值是评价服务优质的前提。SERVQUAL 模型最初的量表中,服务质量有 10 个维度:可获性、理解顾客、可信性、礼貌、胜任、安全性、交互性、响应性、有形性和可靠性。经过一系列数据分析后，最终的维度为5个(图8-1)；其中：可靠性(reliability)包括准确的履行服务承诺的能力，如公司向顾客承诺的事情都能及时完成，顾客遇到困难时，能表现出关心并帮助、能准时地提供所承诺的服务等方面；反应性(responsiveness)主要为员工提供服务之意愿和立即性；同理心(empathy)主要考量的是对顾客提供个人化关怀与照护的能力；保证性(assurance)主要通过所具备的专业知识，获得用户信任，进而展现自信的能力；有形性(tangibles)包括有现代化的服务设施、服务设施具有吸引力、员工有整洁的服装和外套以及单位的设施与他们所提供的服务相匹配等内容。SERVQUAL就是通过捕捉受访者对这5个维度的期望和感知来测量服务质量。ERVQUAL问卷分为期望部分和感知部分，共包括22个项目，其中4个项目用于捕捉有形物，5个项目用于捕捉可靠性，4个项目用于反应性，4个项目用于保证，5个项目用于捕捉移情。

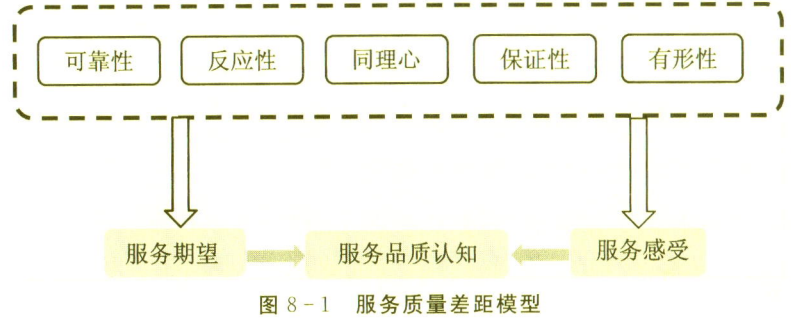

图8-1 服务质量差距模型

2. 以效率为主要价值取向的评价模型

自20世纪早期现代政府扩张以来，提高公共服务效率的概念就广为流传。自伍德罗·威尔逊开始，如何以更少的投入办更多的事情成为政府关心的目标。我国自20世纪80年代初行政管理学恢复重建以来，政府机构和组织的效率与效能就一直是学科研究的重要主题，具体来讲，以效率为主要价值取向的评价模型可分为以下几类：

(1)"3E"评价模型。20世纪80年代初，英国雷纳爵士带领的效率小组提出了"3E"评估模型，该理论指出，对政府部门的绩效评估主要考虑经济(economy)、效率(efficiency)和效益(effectiveness)3个方面。经济测评的目的是树立成本意识，节约开支，尽可能降低成本，实现资金的价值，可选择成本与投入的比率、行政开支与业务开支的比率、人均开支、资源浪费额等指标进行经济测定。效率表示投入与产出之间的比例关系,可选择平均个案处理时间、反应速度等指标进行测定。英国地方政府研究协会提出从3方面做效率评估:一是转化效率,即输入转化为产出的效率;二是分配效率,即使顾客利益最大化的产出分配效率;三是调整效率,即调整生产来满足顾客骗号的效率。效益通常以产出与结果之间的关系加以衡量,一般而言,效益测定具体包括对公共部门产出的质量测量、社会效果测量和结果反映测量等。"3E"评价模型旨在评估其经济性,重视投入产出比,纵然有其他的评价指标在里面,但其侧重点和着力点都在效率上。

(2)360度效率评价法。该方法是在20世纪80年代由Edwords和Ewen等美国学者在对一些企业组织的研究中提出来的,它将被考评人看成圆心,被考评者的上级、下级、同事、自己和相关客户分布四周,对被考评者从不同的角度进行考评。360度考评体系对公共部门绩效评估的贡献主要体现在2个方面:一是公共部门组织的评估,二是人员的评估,包括公共部门和人员的自我评估、上级评估、外部专家评估及社会公众的评估,逐步实现官方评估与民间评估并重,形成公众监督和上级监督相结合的运行机制。

3. 以结果为主要价值取向的评价模型

20世纪70年代西方国家的"新公共管理运动"引发的政府再造、内部管理的非规制化使得政府从过程与规则控制转向结果控制,让政府人员对结果和服务质量负责,而不仅仅追求效率的提高。相应地,对政府购买公共服务效果的评价也由重视效率测量代之以重视结果测量和以顾客(公众)满意为导向。以结果为价值取向的评价模型大致有以下两类。

(1)"计划评估"模型。在澳大利亚,"计划评估"模型是一个对政府部门或项目从一致性、效率、效果、成本—收益分析4个维度进行系统评估的框架。适当性(appropriateness)指规划目标或预期城规符合政府政策优先性和民众需要的程序。效率(efficiency)要求对规划项目的投入和产出进行比较,可在项目规划的各个阶段进行。效果(effectiveness)或质量评估涉及的是取得的成果对政策目标的实现程度,这是评估的重点,反映的是该"计划"实现的程度,与刚开始投入之前的状态进行比较,采取"起点"与"终点"的评估模式。成本—效益分析(cost effectiveness analysis)主要分析取得实际成果所花费的成本及是否用较少的投入生产成果,即"成本与收益之比",这里的成果不是指产出的数量,而是指实际效果,不能直接转换成数量。该模型以"结果"指标为最重要的点,其他指标都是为该结果指标服务。

(2)平衡计分卡评价模型。平衡计分卡(the balanced score card,BSC)概念是美国哈佛商学院的卡普兰(Kaplan)与诺顿(Norton)在《平衡计分卡——业绩衡量与驱动的新方法》一文中首先提出的。他们主张建立一种新的、平衡有效的、全面的业绩评估体系。其基本观点是:单纯追求财务指标不利于提高组织的综合竞争力,不利于创造股东价值,而平衡计分卡的基本思想就是通过财务状况、顾客服务、内部流程及学习与发展4个方面的指标之间的相互驱动的因果关系展现组织的战略轨迹,实现绩效考核—绩效改进以及战略实施—战略修正的战略目标过程。并且,这4个方面指标都可以用"结果"的价值取向来衡量,平衡计分卡考察的是政府购买的结果、第三方提供服务的结果以及民众的反应结果。

4. 以民众为主要价值取向的评价模型

20世纪80年代,随着全面质量管理(TQM)在公共部门中的运用,以及公民责任的推进,公共服务绩效评价从过去的效率价值取向转向了结果和公民取向。20世纪90年代以后,随着顾客满意度测量技术的发展、成熟和运用,通过对公民满意度的测量来提升公共服务绩效的研究与实践开始获得进一步关注。

(1)"总体绩效与间接绩效"结合模型。埃莉诺·奥斯特罗姆等将公共基础设施绩效概括为总体绩效和间接绩效,开发了一套系统的绩效评估系统。其中总体绩效标准包括:①经济效率。是由于资源配置及再配置相关的净收益流量变化决定的,它主要指是否符合帕累托最优标准。②公平。一是项目服务的收益与提供该服务的成本之间的财务平衡,二是基础设施提供中的再分配,要求资源配置对象无差异。③责任。主要指政府官员对公共设施提供的责任,设施提供必须考虑最终使用者的愿望。④适应性。指基础设施提供对变化的环境做出反应,否则,基础设施的持续性可能遭到破坏。间接绩效指基础设施提供的成本,包括供给成本和生产成本,供给成本和生产成本又可分为转换成本和交易成本。此绩效评估模型最初用于评估政府的公共设施水平,但该模型中所考虑的公平、责任、适应性等指标对政府购买公共服务效果评价具有重要参考价值。

(2)美国坎贝尔研究所的评价模型。坎贝尔研究所设计的绩效评估模型主要包括5个基本维度：①财政管理。主要包括政府的举债能力管理是否符合法律规定的比例，退休金管理是否得当，政府采购各个环节设计和管理是否得当，项目管理是否合法，工程招标是否公开公平等等。②人事管理。这个相对复杂，目前主要评估等级工资制度和公务员甄选即退休制度的完善性。③信息管理。主要考核计算机的梳理和质量，在政府工作中的应用率及所起的作用，计算机是否在最能服务于政府工作的人手中使用。④领导目标管理。主要评估领导者战略计划制定是否科学可行、完成情况、推进措施及正负面效应等。⑤基础设施管理。主要评估公益事业管理的政策法规制定和实施是否及时有效。该模型主要针对政府及其工作人员的绩效，但是从最初的对人事管理及领导目标的重视可以延伸出其对民众及公民满意度的关注，因此也被归入以民众为主要价值取向的评价模型之列。

三、服务效果评价的主要方法

评价方法是指针对评价对象的形式、内容或者效用等方面进行评价，且评价中使用的工具或手段，包括专家意见法、德尔斐法、加权求和评分法、指数加权求和评分法、系统分析评价法、模糊评价法、分层评价法、因果评价法等。关于评价方法的选用，根据不同性质和目的，仁者见仁、智者见者，有着多种多样的划分方式。然而一般而言从主观和客观之分，具体可借鉴学者们在相关研究中给出的不同解决方案（表8-1）。

表8-1 服务效果评价的主要方法

评价方法性质	评价方法归类	具体评价方法
主观为主	形式评价法	观察法、访谈法、心理测验法、视觉研究法、启发式评价法等
	内容评价法	访谈法、问卷调查法、专家咨询法、内容分析法、比较分析法、指标体系法、赋权法等
客观为主	效用评价法	因子分析法、计量分析法、条件价值评价法、PERVAL模型、质量感知量表等

1. 主观的评价方法

主观的评价方法主要是通过用户调查、用户访谈、用户反馈、用户满意度测度等对服务过程的用户体验和服务质量进行综合评价。主观的评价方法主要是从用户的角度出发对服务进行测量,因此需要选择一定样本数量的用户,一般需要花费一定的时间周期和相应的成本获取用户评价数据。

利用主观评价方法对图书馆文旅融合服务开展评价的一般步骤如下:①制定评价内容和评价指标。评价指标的制定要基于用户的视角,指标内容要涵盖用户体验和服务过程的多个方面,能够反映用户对服务的整体评价情况,包括服务满足用户需求的程度、服务的价值和效用大小、服务网络和技术的稳定性、服务本身是否给用户带来了干扰和不便、服务是否侵犯了用户隐私、用户是否满意等。②设计调查问卷或调查提纲。用户对服务的评价一般通过填写调查问卷或者是对服务的各项指标进行打分等方式进行,基于既定的评价内容和指标设计科学、合理的调查问卷,是用户调查法最常用的方法,调查问卷的设计质量决定服务评价结果的可信度和科学性。因此,调查问卷题口的设计一定要尽可能简明、扼要,用语准确、含义清楚,避免歧义,同时考虑提问的必要性和可能性,避免一般化提问或双重提问。为了保证问卷设计的质量,在正式调查之前还要选择一些样本用户进行预调查,基于用户填写问题的反馈和意见对问卷进行修正和完善。③选择样本开展调查。样本的选择要具有广泛性、代表性和典型性,涵盖儿童、中青年、老年等多种用户群体、各个学科领域等。另外,为了保证调查的质量,还要尽量选择那些曾经使用过图书馆文旅融合服务并对该服务有一定感受和认识的用户填写问卷,并保证有足够的样本量。④回收问卷并进行统计分析。对回收的问卷利用数据统计软件进行分析,通过数据的分析挖掘到用户对图书馆文旅融合服务的总体评价,为后续的服务改善提供参考意见和思路。主观的评价方法是将用户对情景敏感服务的评价用量化的方式表现出来,因而是一种定性与定量相结合的评价方法。

2. 客观的评价方法

客观的评价方法主要是对服务本身和服务结果进行测度,通过制定一些评价指标对服务进行综合衡量。传统的服务评价指标较为单一,如对推荐服务的评价大多涉及覆盖率、准确度、新颖性等,很少考虑推荐的多样性、实时性、鲁棒性和推荐效率等。图书馆文旅融合服务特别依附于旅游业态或者数字相关技术,通过融合用户情景信息提供自适应的服务,具有与传统服务模式不同的特征,因此,在对图书馆文旅融合服务进行客观测量时,除了考虑传统的服务内容准确度、响应时间、覆盖率、新颖性等指标之外,还应关注以下几个指标的测度:

文旅融合视阈下图书馆发展研究

①实时性。图书馆文旅融合服务是基于用户实时活动和情景提供个性化的服务,因此对实时性的要求比较高,服务平台能否自适应地改变自身的服务行为以便及时满足用户的动态即时需求,是对图书馆文旅融合服务进行客观测度的一个重要指标。②多样性。图书馆不仅能够通过图书馆文旅融合服务的实施向游客提供图书、期刊论文、数据资料等多种类型的服务资源,同时还能基于用户移动终端的网络状况推送文本资源、图形、音频、视频等资料,从而满足用户对多样化学习资料的需求,实现推送内容和推送结果显示的多样化。③服务系统反应的灵敏度。移动网络环境下,用户在不同的时间、地点,面临不同的任务时都会有不同的需求,服务系统能否及时获取用户的动态情景信息,判断用户的需求变化,并迅速做出响应,也是衡量服务水平的一个重要指标。④服务友好性。图书馆文旅融合服务并不是单纯地将现有的技术和服务简单地转移到移动设备上去,而是要开发良好的用户界面,注重与用户的交互。因此能否设计人性化的移动交互界面,增强服务的友好性,吸引更多用户积极参与到服务过程中,使得服务系统能够根据用户反馈进行自适应改进,提高服务的性能,也是图书馆文旅融合服务的一个重要内容。

由于图书馆文旅融合服务涉及的影响因素众多,服务环境更加复杂,服务质量的组成维度也更加多元化,因而对图书馆文旅融合服务评价是一个在多个水平上、多个层而上进行高度综合评价的过程。因此,在实际的服务评价过程中,往往是多种评价方法综合运用,定性评价与定量评价相结合等多元化的评价方法。

第三节 图书馆文旅融合服务效果评价的主、客体和程序

一、图书馆文旅融合服务效果评价的主、客体

(1)评价主体。在论及图书馆文旅融合服务效果评价这个问题时,首先要考虑评估的主体,即"谁来评"的问题。根据不同的角度,评价主体有内、外之分。内部的评价主体可以是主管图书馆的各级政府部门,可以是政府内部的特定职能部门,也可以图书馆自身。相比而言,外部评价主体是指独立于上述之

外的专业评估主体,如第三方评估机构、读者、社会公众和其他利益相关者等。随着图书馆文旅融合服务效果评估的发展,在实际操作中评估主体应该会趋于多元化,从而避免单一评价主体的主观性和片面性,增强评价的客观性和全面性。

(2)评价客体。评价客体即评价对象,也就是"评价谁"的问题。由于图书馆文旅融合服务是由图书馆或者主管政府提供资金,由市场和/或社会组织按照合同提供服务,社会公众感受公共服务的过程,因而评价的客体应该包括政府部门、服务供给者和公众。这是因为对于图书馆文旅融合服务效果评价的终极目标在于保证和改善服务供给的质量。图书馆或政府将公共服务外包给私人部门或社会组织以后,其供给效果究竟如何,是否达到了预期的目标,需要从其所涉及的全部利益相关者出发给予全面评估。由于图书馆文旅融合服务的侧重点和分目标是不同的,如针对管理而言,则侧重评价其工作效率,而对于服务而言,更侧重于评价游客对服务的体验和满意度。因此对其评价不能一概而论,而是应根据评价客体进行分类评价。

二、图书馆文旅融合服务效果评价的程序

评价程序是评价活动的组织流程,图书馆评价程序贯穿从评价准备(明确评价目标、确定评价指标体系、设计评价方案)、评价实施(收集分析资料信息、运用评价方法进行单项评价和综合评价)、得出评价结论,到评价结果反馈、应用等一系列环节。

然而值得一提的是,评价的实施过程需要管理与控制。即通过各种渠道和方式,随时获取各评价执行组织和个人在实施评价过程中的情况,包括评价人员的心理状态和工作中的实际问题,及时加以归纳分析,依据评估的计划和目标,采取针对性的措施及对策,消除和减弱偏离计划目标的因素和影响,使整个评价活动处于积极、正常的状态。

第四节 图书馆文旅融合服务效果评价的指标体系

一、图书馆文旅融合服务效果评价指标的构建思路

关于图书馆服务评价以及旅游发展评价研究较多,而图书馆文旅融合服务

文旅融合视阈下图书馆发展研究

效果评价研究不多。有效的评价反馈信息能够为图书馆文旅融合服务创新发展改进方向与提升空间,应不断关注文旅融合前、中、后等服务动态,加强交流,对文旅融合资源建设、服务手段形式、宣传平台等多方面进行考评,强化图书馆文旅融合发展效能效用。

故此,图书馆文旅融合服务效果评价视角应侧重于服务方案设计与功能特征,评价结果应更重视服务对象的认可度,充分考虑到资源投入、资源利用程度、参与度、到馆统计贡献率、用户满意度、服务影响等多方面,综合反映出其职能的释放程度。在服务效果评价的过程中,围绕资源、功能特征以及服务创新等方面,通过剖析服务过程中主体的履行职能状况、客体的体验反馈情况及相关信息载体的使用效率等因素来探讨服务效能发挥程度,进而指导服务效果指标框架的构建。

二、图书馆文旅融合服务效果评价指标

在上述论述和前述其他章节基础上,本文主要从供给推动力、需求拉动力、发展促进力3个方面来构建图书馆文旅融合服务效果评价指标体系,从方案设计、服务实施、受众感受、服务环境、服务资源、服务交互、服务影响7个方面探寻评价方向提取指标,提出25个分级评价指标(表8-2),进而构建图书馆文旅融合服务效果评价指标体系,以期来考察服务效果的实现程度。

表8-2 图书馆文旅融合服务效果评价指标框架

指标维度	一级指标	二级指标	指标解释
需求拉动力	方案设计	服务成本	包括用户使用成本与图书馆服务成本,反映服务的投入程度
		个性化服务	能否理解并满足用户的旅游、休闲、文娱等特有精神文化需求
		可操作性	获得图书馆服务的便利性、宜融性和实际效用等
		可持续性	图书馆文旅融合服务的可拓性、创造性和创新性等
	服务实施	系统性	与服务需求的关联度、合理性、多样性与灵活性等特征的衔接
		接受度	图书馆服务与设施供给及时性接受程度,能否及时响应用户需求并快速推送资源和服务等
		认可度	宣传或体验中显示的效果,即服务承诺的兑现程度等
	受众感受	广泛性	图书馆服务与设施供给全面性接受程度等
		积极性	用户重复使用率、敏感度、忠诚度、到访间隔等
		满意度	图书馆服务活动丰富性、服务便利性、服务质量效果、服务参与的兴趣程度等

表 8-2(续)

指标维度	一级指标	二级指标	指标解释
供给推动力	服务环境	基础设施	图书馆基础环境保障情况,是否提供必要的技术/指挥设施帮助用户获取服务等
		网络状况	图书馆服务与设施所处环境的接受程度,图书馆移动网络的稳定性、安全性与响应性等
		平台友好性	图书馆服务界面是否易于操作、设计是否合理、导航是否清晰等
	服务资源	安全技术性	能否很好地保护用户隐私,防止个人信息泄露等
		资源组织	能否对信息资源进行深度加工处理等
		资源类型	能否提供关于旅游及其相关的文字、表格、图像、音视频等多种类型的资源等
	服务交互	资源内容	是否提供优质、新颖、有用、有特色等内容
		服务渠道	是否提供语音、短信、微博、微信等多种交互渠道等
		服务技能	馆员能否准确理解用户需求,并快速提供可信任的移动服务等
		服务呈现	及时、实时提供适合多种终端载体的服务方式等
发展促进力	服务影响	品牌知名度	阶段时间内媒体报道数量及频次,大众关注度,读者问询次数等
		社会美誉度	媒体报道的等级、篇幅、频次,取得的奖项与成果等
		游客贡献率	阶段时间内游客占到馆(分馆等)总人数的比例等
		辨识度	在同类文化品牌中的关注度与辨识度等
		辐射范围	业内示范作用和带动性效应等

评价指标体系可对图书馆文旅融合服务发展的前期、中期和后期的系列活动、运行及存在问题等方面进行管理或监控,可视为图书馆文旅融合的"自我"评价工具,对图书馆文旅融合健康发展有一定的借鉴作用。但是,由于资源、建设方式及管理等方面的不同,且不同地区的服务模式等存在各方面的差异,因此评价指标体系本身或者应用得出的结果只能作为参考依据,同时指标体系也需要结合实际应用继续完善。

第九章 结　语

第一节　研究结论

　　文旅融合为图书馆发展带来机遇与挑战,服务创新转型及融合业务开展以为图书馆注入新的活力。文旅融合有助于推动图书馆转型升级、提质增效,改善图书馆形象,提升图书馆的吸引力,符合图书馆事业发展维度的价值取向。本书对图书馆文旅融合创新服务发展展开研究,在厘清相关基本概念的基础上,从当前各地开展图书馆文旅融合服务实践入手,讨论各地图书馆在文旅融合服务方面取得的成就,基于"三位一体"视角论述了图书馆文旅融合服务实践模式、服务路径和发展对策,阐述了图书馆文旅融合服务评价的相关议题,获得相关研究结论如下。

　　(1)文旅融合背景下,文化是旅游的灵魂,旅游是文化的载体。对于图书馆来说,要在文旅融合中正确定位,立足"以旅彰文,以文促旅"的服务工作,利用好"文旅融合"这样的契机开辟出新的服务增长点,通过迭代现有服务手段,将图书馆的文旅服务功能充分发挥出来,不断创新服务方式,更好地满足人民的文化需求。

　　(2)文旅融合为图书馆的未来发展带来了新的发展动能,新时期图书馆的已有职能得到了不同程度的深化和拓展,各地图书馆实践和探索的文旅融合服务模式,可总结为"场所＋""功能＋""＋X"3种模式,这3种服务模式实践探索在保证公益性理念达标的基础上,以图书馆为中心的文旅融合服务生态链延伸,促使图书馆切入地方特色文化,促进地方旅游发展,保证基本服务完善,且最大限度呈现图书馆所具有的文化魅力。

　　(3)文旅融合背景下图书馆的发展路径并不只是一个理论问题,更是一个亟须解决的现实问题。文旅融合相关活动的开展正处于起步发展阶段,多地图书馆均在积极探索、实践,寻找合适发展文旅融合的途径。本书提出"内容生产是基础""价值导向是核心""多元赋能是关键"的"三位一体"发展路径,这三者互为关联,协同共促。

(4)图书馆应本着"立足供给、聚焦需求和瞄向治理"的发展对策,保持理性自觉,采取积极态度,立足自身职能,发挥自身优势,找准最佳切入点,把改善用户体验放在突出位置,进一步创新发展模式和服务管理模式,大力促进文旅融合,增强图书馆职能和服务能力,更好地服务国家的政治经济文化建设,满足人民群众对美好生活的向往。

(5)图书馆文旅融合服务尚需注重服务效果评价的衡量标尺的建立,扭转图书馆建设方面的重投入、轻评价的理念,主动建立健全服务评价体系,从而实现图书馆资源优化配置和服务效能的提升。在努力实现图书馆文化与旅游的深度融合的过程中,图书馆人要不忘服务初心,坚守文化担当,坚持图书馆人的责任意识,不断提升自身的文化知识素养,使图书馆在文旅融合的趋势下迈入可持续与高质量发展的良性轨道。

第二节 研究的不足与展望

关于图书馆文旅融合创新服务发展问题,虽然在实践层面已成为业界探讨的热点问题,但从理论研究的现状来看,仍然是一个较为新兴的领域。虽然本书在写作过程中竭尽心力,但由于其自身能力以及客观因素的制约,使得整个研究无论在理论构建、逻辑思辨、文献搜集以及评价体系建立等方面,都还存在进一步深入与改进的空间。具体来说,需在以下3个方面作进一步的跟进研究。

(1)进一步聚焦研究区域,细化研究议题。本书聚焦整体性研究相对较多,相对某个方面的服务创新研究较少。从具体方面进行的研究相对而言内容会更加系统深入,对整个图书馆服务创新有较好的支撑作用。整体性研究较多基于文旅融合实践进行,虽有一定的实践意义,但研究有一定重复。另外,在图书馆文旅融合的研究中对于西部地区的关注度较低。西部地区有丰富的红色旅游资源和自然资源,这些都是进行文旅融合的基础和保障,而西部地区图书馆发展相对滞后,对理论指导的需求更加迫切。因此,未来的研究应适当往西部地区倾斜,这不仅是西部地区图书馆事业发展之所需,也是公共图书馆文旅融合整体发展之所需。

(2)图书馆文旅融合中相关主体权责划分问题值得进一步关注研究。图书馆文旅融合的开展大多涉及与其他机构的合作,而在合作中不可避免地涉及合作各方主体的权利、责任与义务的划分,风险管理等问题。今后图书馆的跨界合作需要解决统筹规划、合作机制以及保障机制等问题,并尚待对图书馆跨界合作的发展方向和路径提出更有针对性的建议。

(3)进一步完善图书馆文旅融合评价指标体系的构建。本研究虽然尽可能地采集和借鉴了现有相关研究的评价体系,构建图书馆文旅融合服务创新评价体系。笔者初步提出评价指标的基本框架,但评价体系的指标仍然存在不够完善和全面的问题,其准确性和实用性还待进一步完善和验证。例如没有借助实地调研、数据跟踪整理等方法对研究区域的相关指标进行调查和统计。下一步研究中,应该借助田野调研、数据跟踪、大数据处理等方法,完善评价体系与实证分析,得出更具客观性与说服力的研究结论。

虽然本书对图书馆文旅融合服务创新发展展开了较为全面、深入的研究,但是由于本人研究能力有限,研究时间也受到限制,收集的相关资料不够充足,并没有收集全国各地图书馆在文旅融合服务方面的措施、活动、内容等。由于收集的资料不足,导致本文在研究分析和研究结论方面都有诸多限制。期望本书的研究成果可为后续的研究者提供一定的参考和依据,也希望笔者今后可以在该领域的研究方面继续深入,收集更多的相关资料,持续进行更有价值的研究分析。笔者也期待今后图书馆在文旅融合发展道路上可以走得更大胆一点、更前卫一些,走在时代和技术的尖端,让图书馆成为文旅潮流之地,保持强大的吸引力。

参考文献

[1] 曹海军,吴兆飞.社区治理和服务视野下的三社联动:生成逻辑、运行机制与路径优化[J].华南师范大学学报(社会科学版),2017(6):30-37,189.

[2] 查炜.图书馆与旅游融合发展实践及思考[J].图书馆,2020(2):41-45.

[3] 查炜.我国公共图书馆文旅融合模式考察[J].图书馆工作与研究,2021(2):99-105.

[4] 柴寿升,孔令宇,单军.共生理论视角下红色文旅融合发展机理与实证研究——以台儿庄古城为例[J].东岳论丛,2022,43(4):121-130.

[5] 陈贝.日本公立图书馆全域服务发展探析及启示[J].图书馆,2022(7):71-78.

[6] 陈波,刘彤瑶.场景理论下乡村文旅融合的价值表达及其强化路径[J].南京社会科学,2022(8):161-168.

[7] 陈锋平,朱建云.文旅融合新鉴:桐庐县"公共图书馆+民宿"的实践与思考[J].图书馆杂志,2020,39(3):107-112.

[8] 陈辉,姜丽娟.文化场景视域下图书馆阅读空间视觉效能研究——以天津滨海图书馆为例[J].城市建筑,2021,18(6):88-91.

[9] 陈建明.文旅融合视域下图书馆与旅游业协同创新路径探索[J].图书馆,2021(3):51-57.

[10] 陈丽,史瑛瑛.文旅融合背景下公共图书馆的使命和创新[J].图书馆学刊,2022,44(3):20-26,84.

[11] 陈慰,巫志南.文化和旅游公共服务深度融合问题、战略及机制研究[J].文化艺术研究,2020,13(2):1-12.

[12] 储节旺,夏莉.图书馆文旅融合现状、问题及对策研究[J].国家图书馆学

刊,2020,29(5):40-50.

[13] 戴艳清,胡逸夫.公共数字文化服务可及性要素研究[J].图书情报工作,2022,66(16):57-68.

[14] 单红波.公共图书馆与旅游融合的模式与路径研究[J].图书与情报,2019(3):136-139.

[15] 邓勇勇.旅游本质的探讨——回顾、共识与展望[J].旅游学刊,2019,34(4):132-142.

[16] 董燕萍.图书馆文化创意产品开发模式创新动力分析[J].图书馆理论与实践,2019(7):8-11

[17] 杜希林,刘芳.基于空间再造的主题图书馆建设实践与思考[J].图书馆工作与研究,2022(11):5-12.

[18] 范建华,邓子璇.数字文化产业赋能乡村振兴的复合语境、实践逻辑与优化理路[J].山东大学学报(哲学社会科学版),2023(1):67-79

[19] 范艳丽,周秉根,吕永平.基于自组织理论的旅游产业结构协调发展研究[J].世界地理研究,2009,18(1):143-149.

[20] 范玉刚.新时代文化产业发展趋势探究[J].艺术百家,2018,34(2):90-98.

[21] 范周.文旅融合的理论与实践[J].人民论坛·学术前沿,2019(11):43-49

[22] 冯斐.长江经济带文旅融合产业资源评价、利用效率及影响因素研究[D].上海:华东师范大学,2020.

[23] 冯继强,徐勇敏.5G+智慧文旅:图书馆文旅融合发展的新模式[J].图书与情报,2020(4):79-83.

[24] 高培勇,袁富华,胡怀国,等.高质量发展的动力、机制与治理[J].经济研究,2020,55(4):4-19.

[25] 高文华,张大尧.图书馆:支撑文化和旅游公共服务体系融合发展创新实践[J].图书馆建设,2020(6):158-168.

[26] 葛方振著.基于混沌蚂蚁的群集协同求解算法及应用[M].合肥:中国科学技术大学出版社,2014.01.

[27] 耿达,饶蕊.文旅融合背景下公共文化服务的内涵拓展与模式创新[J].图书馆,2021(2):1-7.

[28] 龚林奇,庞天慧.文旅融合背景下公共图书馆跨界合作研究[J].图书馆研

究与工作,2020(6):78-81.

[29] 顾江.文化强国视域下数字文化产业发展战略创新[J].上海交通大学学报(哲学社会科学版),2022,30(4):12-22.

[30] 关大进,杨琪.服务质量FMEA差距模型及应用——服务可以在第一次做好[M].北京:中国标准出版社,2009.

[31] 韩丹.基于国内外图书馆文旅融合的思考[J].文化产业,2021(14):34-36.

[32] 韩骏伟,胡晓明.文化产业概论[M].2版.广州:中山大学出版社,2014.

[33] 韩晔,胡娟,阴宇轩.公共图书馆文旅融合实践与模式研究[J].图书馆,2020(2):27-34.

[34] 何义珠,叶伟萍,潘丽敏,等.基于文旅融合的"图书馆+民宿"实践与建议——以云和县"漫享书屋"为例[J].国家图书馆学刊,2022,31(2):42-47.

[35] 何增科.治理、善治与中国政治发展[J].中共福建省委党校学报,2002(3):16-19.

[36] 侯兵,杨君,余凤龙.面向高质量发展的文化和旅游深度融合:内涵、动因与机制[J].商业经济与管理,2020(10):86-96.

[37] 胡聪.我国公共图书馆文旅融合服务发展现状及对策研究[D].湘潭:湘潭大学,2020.

[38] 胡东,刘春雷,胡洋,等.民宿公共阅读服务发展策略研究[J].图书馆工作与研究,2022(10):104-110.

[39] 胡海,庄天慧.共生理论视域下农村产业融合发展:共生机制、现实困境与推进策略[J].农业经济问题,2020(8):68-76.

[40] 胡娟,袁珍珍.我国公共图书馆与红色旅游高质量融合发展模式与路径研究[J].图书馆学研究,2021(20):30-40,44.

[41] 黄安妮,陈雅.文旅融合下的公共图书馆服务创新路径[J].图书馆,2020(2):35-40,52.

[42] 黄启诚.户外文化体验节目对图书馆文旅融合的启示[J].新世纪图书馆,2022(9):39-43.

[43] 黄永林.文旅融合发展的文化阐释与旅游实践[J].人民论坛·学术前沿,2019(11):16-23.

[44] 江必新.国家治理现代化基本问题研究[J].中南大学学报(社会科学版),2014,20(3):139-148.

[45] 金波,杨鹏,王毅."十四五"图书馆、情报与文献学学科发展态势与前瞻[J].图书馆杂志,2022,41(1):4-16.

[46] 康思本.图书馆文旅融合模式与路径系统研究[J].图书馆,2020(6):61-66.

[47] 柯平,彭亮.图书馆高质量发展的赋能机制[J].中国图书馆学报,2021,47(4):48-60.

[48] 柯平,袁珍珍,彭亮,等.后评估时代公共图书馆评估环境研究[J].情报资料工作,2021,42(4):6-13.

[49] 柯平,袁珍珍,张畅.主题图书馆的中国实践[J].图书馆建设,2020(1):8-15.

[50] 孔海东,张培,刘兵.价值共创行为分析框架构建——基于赋能理论视角[J].技术经济,2019,38(6):99-108.

[51] 赖璨,陈雅.文旅融合语境下我国图书馆文创品牌创新策略研究[J].图书馆,2020(11):102-108.

[52] 李国东,傅才武.推进文化与科技深度融合是突破文化发展困局的基本政策路径[J].中国海洋大学学报(社会科学版),2017(3):46-54.

[53] 李晓婷.文旅结合背景下公共图书馆特色数据库建设探析——以山东省图书馆《山东红色之旅》视频数据库为例[J].山东图书馆学刊,2019(5):74-79.

[54] 李鑫诚.传统管理理论的治理转向及其方法论困境[J].重庆社会科学,2017(7):96-102.

[55] 李媛,邱奥欣,经莉.文旅融合视域下的"阅读＋旅游"推广创新研究——以南京江宁区图书馆"跟着大学老师读经典"模式为例[J].新世纪图书馆,2021(7):51-55.

[56] 李泽华.基于定位理论的公共图书馆文创品牌构建研究:方向与进路[J].图书馆学研究,2022(9):48-53,47.

[57] 李泽华.新时代公共图书馆文旅融合之内涵、架构及趋向——基于价值共创的视角[J].西南民族大学学报(人文社会科学版),2023,44(1):37-45.

[58] 李振新.文旅融合下的公共图书馆服务创新路径[J].焦作大学学报,2021,35(3):76-78.

[59] 廖明.基于用户体验的公共图书馆文旅融合维度及发展对策[J].图书与情报,2022(1):132-138.

[60] 林晓晴,李剑.酒店图书馆运营模式及策略研究[J].图书馆学研究,2021(3):18-24.

[61] 凌艳博.公共图书馆文旅融合发展对策研究[D].大连:辽宁师范大学,2022.

[62] 刘冰洁,赵彦云,李倩.互联网对文旅融合的影响及其空间效应[J].资源开发与市场,2023,39(2):217-224.

[63] 刘军,林英.文化自信视域下公共图书馆文旅融合发展研究[J].图书馆工作与研究,2021(5):66-70,128.

[64] 刘梦华,易顺.从旅游管理到旅游治理——中国旅游管理体制改革与政府角色扮演逻辑[J].技术经济与管理研究,2017(5):97-103.

[65] 刘洋.文旅融合背景下图书馆特色馆藏资源建设研究[J].图书馆,2021(2):22-28.

[66] 刘志辉.共生理论视域下政府与社会组织关系研究[M].天津:天津人民出版社,2017.

[67] 柳英.文旅融合:高校图书馆助力公共文化服务新路径[J].山东图书馆学刊,2019(4):55-58.

[68] 陆明明,石培华.文化和旅游的关系网络及其融合路径研究[J].资源开发与市场,2021,37(3):340-348.

[69] 罗伯特·麦金托什,夏希肯特,等.旅游学——要素、实践、基本原理[M].蒲红,等译.上海:上海文化出版社,1985.

[70] 罗曼.图书馆全面质量管理[M].合肥:安徽大学出版社,2003.

[71] 洛可可创新设计学院.产品设计思维[M].北京:电子工业出版社,2016.

[72] 马勇,童昀.从区域到场域:文化和旅游关系的再认识[J].旅游学刊,2019,34(4):7-9.

[73] 孟浩.产业融合视野下旅游情境化的创意构建——以音乐资源融合为例[J].社会科学家,2021(3):46-51.

[74] 苗宾.新文创视角下图书馆文创产品开发研究[J].图书馆工作与研究,2021(6):98-104.

[75] 莫晓霞.图书馆文化创意产品开发探讨[J].图书馆建设,2016(10):98-101.

[76] 潘颖,孙红蕾,郑建明.文旅融合视域下乡村公共文化服务差异化模式及实现路径[J].图书馆建设,2021(5):125-132.

[77] 潘颖,郑建明,孙红蕾."十四五"时期公共文化发展沿革与融合创新——基于省级政策文本内容分析视角[J].图书馆建设,2022(2):150-158.

[78] 彭松林,李臻.公共文化服务机构研学旅行服务:意义、现状与策略[J].图书馆杂志,2022,41(3):32-40.

[79] 亓四华.六西格玛管理概论[M].2版.合肥:中国科学技术大学出版社,2017.

[80] 秦艳婷."十四五"规划下公共图书馆文旅融合实践与探索——以"北部湾经济区图书馆服务联盟"示范项目为例[J].河南图书馆学刊,2022,42(4):38-41.

[81] 邱维.文旅融合时代图书馆面临的机遇[J].大学图书情报学刊,2021,39(4):103-110.

[82] 邱忠霞,胡伟.公共治理何以失灵——基于结构-功能的逻辑分析[J].学习与实践,2016(10):50-59.

[83] 邵明华,倪吴玥,李泽华.公共图书馆文旅融合的基本逻辑及发展路径[J].图书馆学研究,2021(10):18-24,38.

[84] 盛怡瑾.国外图书馆文化创意产品研究及启示[J].图书馆杂志,2019,38(12):98-104.

[85] 双林平.公共图书馆文旅融合服务创新模式和发展路径研究[J].图书馆工作与研究,2020(1):20-28.

[86] 宋晓,梁学成,张新成,等.非遗进景区:多主体价值共创的逻辑与机制——多案例研究[J].旅游学刊,2022,37(11):85-100.

[87] 宋子千.从国家政策看文化和旅游的关系[J].旅游学刊,2019,34(4):5-7.

[88] 苏锦姬.文化消费视域下的城市社区图书馆品牌建构——以深圳市罗湖区"悠·图书馆"为例[J].图书馆论坛,2020,40(6):110-116.

[89] 孙久国.质量人工作手册:从华为质量工程师到海信质量副总的质量之路[M].青岛:中国海洋大学出版社,2019.

[90] 孙锐,王战军."自组织悖论"与社会组织进化动力辨识[J].清华大学学报(哲学社会科学版),2003(6):66-70.

[91] 孙瑞英,张朦朦."十四五"图书馆公共文化服务新场域构建[J].图书馆论坛,2022,42(11):14-23.

[92] 孙文娉,陈雅.我国公共图书馆融合发展模式分析与服务效能提升策略研究——以绍兴图书馆为例[J].图书馆理论与实践,2020(5):15-21.

[93] 孙云倩.农村文化礼堂"图书馆+"建设模式探析[J].图书馆研究与工作,2021(9):16-20,43.

[94] 陶俊,杨敏红.农村公共文化服务体系与乡村旅游的融合发展——以浙江德清总分馆改革为例[J].图书馆论坛,2022,42(2):45-55.

[95] 天琛,杨兰桥.新发展格局下文旅融合的内在逻辑、现实困境与推进策略[J].中州学刊,2021(12):20-25.

[96] 田利.关于图书馆开展文创工作的理性思考[J].图书馆工作与研究,2017(2):9-13.

[97] 佟艳泽.基于SWOT分析的公共图书馆文旅融合战略研究[J].图书馆研究与工作,2020(4):75-79.

[98] 王刚,宋锴业.治理理论的本质及其实现逻辑[J].求实,2017(3):50-65.

[99] 王慧.文旅融合背景下图书馆红色旅游服务探索[J].河南图书馆学刊,2021,41(10):89-91.

[100] 王明慧.政府购买医疗保险服务效果测量与可持续性研究[M].北京:经济日报出版社,2019.01.

[101] 王乃举.文化场域与文化分层组合理论下文旅融合机制与高质量发展[J].山西农业大学学报(社会科学版),2022,21(2):99-108.

[102] 王世进著.多维视野下技术风险的哲学探究[M].大连:辽宁师范大学出版社,2016.09.

[103] 王世伟.关于公共图书馆文旅深度融合的思考[J].图书馆,2019(2):1-6.

[104] 王世伟.论公共图书馆的全域服务[J].图书馆建设,2018(4):39-52.

[105] 王世伟.论图书馆旅游功能的发挥[J].图书馆杂志,1995(6):33-34,32.

[106] 王世伟.主题图书馆述略[J].山东图书馆学刊,2009(4):36-38.

[107] 王星星.公共图书馆文旅融合:内在逻辑、发展模式和机制创新[J].图书馆建设,2022(3):27-35.

[108] 王雄青,胡长生.文旅融合背景下红色文化旅游高质量发展路径研究——基于江西的视角[J].企业经济,2020,39(11):100-107.

[109] 王秀伟.从交互到共生:文旅融合的结构维度、演进逻辑和发展趋势[J].西南民族大学学报(人文社会科学版),2021,42(5):29-36.

[110] 魏光萍.我国公共图书馆文旅融合服务项目调查与研究[D].合肥:安徽大学,2021.

[111] 魏玲丽,蒋和平."十四五"时期我国乡村旅游发展的新思路与新举措[J].中州学刊,2022(2):28-35.

[112] 温勇增著.论本能系统的辩证唯物[M].北京:九州出版社,2017.

[113] 吴宝.数字赋能民营经济高质量发展(理论路径与案例)/浙江工业大学数字经济研究文库[M].北京:中国社会科学出版社,2022.

[114] 吴理财,郭璐.文旅融合的三重耦合性:价值、效能与路径[J].山西师大学报(社会科学版),2021(1):62-71.

[115] 伍力.公共图书馆主题分馆建设研究[J].图书馆建设,2020(S1):158-161.

[116] 伍巧,徐建华,陆艳.图书馆红色文献建设与推广路径[J].图书馆论坛,2021,41(7):51-58.

[117] 伍永仁.组织读者旅游 搞活图书馆工作[J].图书馆,1985(1):34.

[118] 武吉虹.图书馆文化创意产品开发方向与原则探究[J].图书馆理论与实践,2017(8):15-19

[119] 夏勉.文化类电视节目对公共图书馆传承中华优秀传统文化的启示[J].大学图书情报学刊,2022,40(6):10-15.

[120] 肖锟,何婉琴.文旅融合视角下"网红"图书馆形象感知分析——以京津冀地区为例[J].图书馆研究与工作,2022(7):31-36.

[121] 谢紫悦,王丹,陈雅.我国新基建模式与公共图书馆融合发展契合价值分析研究[J].图书馆学研究,2022(3):18-23,10.

[122] 熊海峰,祁吟墨.基于共生理论的文化和旅游融合发展策略研究——以

大运河文化带建设为例[J]. 同济大学学报(社会科学版),2020,31(1):40-48.

[123] 熊军,李英,方玲,等. 主题图书馆发展趋势[J]. 四川图书馆学报,2017(6):32-36.

[124] 徐金海. 文化和旅游关系刍论:幸福的视角[J]. 旅游学刊,2019,34(4):3-5.

[125] 鄢莹. 公共图书馆文旅融合的典型实践与分析[J]. 图书与情报,2019(1):111-114.

[126] 闫雅婧. 跨界融合背景下我国公共图书馆文创产品开发现状与对策研究[D]. 湘潭:湘潭大学,2021.

[127] 阳娟兰. 文旅融合下区县公共图书馆特色馆藏发展研究[J]. 晋图学刊,2021(2):22-25,48.

[128] 杨威. 公共图书馆跨界合作阅读品牌建设研究[J]. 大学图书情报学刊,2022,40(3):52-56.

[129] 杨新涯,罗丽,杨斌,等. 论"新基建"赋予图书馆的新机遇[J]. 图书馆论坛,2020,40(12):95-101.

[130] 俞可平. 中国的治理改革(1978-2018)[J]. 武汉大学学报(哲学社会科学版),2018,71(3):48-59.

[131] 袁纯清. 共生理论 兼论小型经济[M]. 北京:经济科学出版社,1998.

[132] 云云,陆和建. 文旅融合背景下公共图书馆服务创新案例探析[J]. 农业图书情报学报,2020,32(7):32-40.

[133] 臧航达,寇垠. 文化场景理论视域下公共图书馆空间建设研究[J]. 图书馆学研究,2021(2):24-29.

[134] 詹姆斯,布坎南. 公共物品的需求与供给[M]. 马珺,译. 上海:上海人民出版社,2017.

[135] 张建敏. 媒介技术驱动与粉丝文化表达变迁[J]. 现代传播(中国传媒大学学报),2019,41(4):34-39.

[136] 张进福. 旅游吸引物属性之辨[J]. 旅游学刊,2020,35(2):134-146.

[137] 张亮. 以馆藏资源助力地域文化符号搭建文旅融合底蕴平台[J]. 中国中医药图书情报杂志,2020,44(3):53-56.

[138] 张萌,朱忠琼.佛山市联合图书馆体系事业发展报告——"十三五"总结与"十四五"展望[J].图书馆建设,2021(6):47-54.

[139] 张晓翔.公共图书馆展览服务助力体验式阅读推广——以"上海图书馆展览活动"为例[J].新世纪图书馆,2021(8):32-36.

[140] 张晓阳,姜灵玉.文旅融合背景下城市书房创新发展定位与对策研究[J].图书馆工作与研究,2022(9):29-36.

[141] 张笑.我国公共图书馆文旅融合服务模式研究[D].长春:东北师范大学,2022.

[142] 张新新,夏翠娟,肖鹏,等.共创元宇宙:理论与应用的学科场景[J].信息资源管理学报,2022,12(5):139-148.

[143] 张兴,吕亚娟.图书馆数据文化的蕴涵、培育路径与建设策略[J].图书馆学研究,2021(13):2-6,17.

[144] 张兴.文化治理视域下图书馆发展路径研究[J].图书馆工作与研究,2020(10):23-27.

[145] 张雅琪,柯平.美国图书馆文化创意产品发展现状及启示[J].图书情报工作,2017,61(22):59-68.

[146] 张瑶,王宇,王磊.主题图书馆建设现状、模式与未来发展策略探索[J].图书情报工作,2021,65(17):69-78..

[147] 赵军成.把握文旅纵深融合发展机遇,构建公共图书馆服务新生态[J].出版广角,2020(24):43-45

[148] 赵惟.公共图书馆品牌化活动现"蝴蝶效应"引全民阅读风暴——天津图书馆"数字图书馆深度游活动"经验分享[J].图书馆工作与研究,2018(S1):145-147,159.

[149] 赵文萱,冯川玉,朱静.公共图书馆红色文化服务圈的构建与实践研究——以南京公共图书馆为例[J].大学图书情报学刊,2022,40(2):52-56.

[150] 赵霞.长三角地区公共图书馆文旅融合典型实践研究[J].河南图书馆学刊,2022,42(11):10-12.

[151] 钟智.美国图书馆多元包容文化服务研究[J].图书馆工作与研究,2018(7):32-37.

[152] 周德明.主题图书馆三论:特征、建设和价值[J].图书馆建设,2020(1):16-19.

[153] 周红雁.公共图书馆文旅融合路径探析[J].图书馆工作与研究,2020(6):23-27,41.

[154] 周鹃鹏,王佳莹.文旅融合发展的逻辑、维度与路径[J].商丘师范学院学报,2022,38(7):93-98.

[155] 周淑云,卢思佳,冉从敬.公共图书馆文旅融合:理论内涵、时代价值与发展路径[J].图书情报工作,2021,65(3):28-33.

[156] 周笑盈.国家图书馆"《永乐大典》VR全景文化典籍"实践探索——虚拟现实赋能图书馆沉浸式阅读推广的创新路径[J].国家图书馆学刊,2022,31(6):80-89.

[157] 周芸熠,张磊,董群.文旅融合时代下的公共图书馆发展研究与思考[J].图书馆学研究,2020(2):25-31,24.

[158] 庄园姝."文旅融合"背景下主题图书馆建设思考[J].图书馆建设,2020(S1):166-168,176.

[159] ELISABETTA BOVERO. Cultural tourism and libraries. New learning needs for information professionals[EB/OL].[2020-03-16]. https://www.Ifla.org/past-wlic/2009/-192-bovero-en.pdf.

[160] KSENIJA TOKIC,NO TOKI C. The informational function of libraries in tourism: The case study of C′roatia[J]. Vjesnik Bibliotekara Hrvatske,2017,60 (4):125-146.

[161] NATTAPON M,SOMSAK S. Chiangkhan:Cultural commodification for tourism and impact on local community[J]. InternationalProceedings of Economics Development & Research,2012,42(6):34.

[162] OGABOH AGBA A M,IKOH M U,BASSEY A O,et al. Tourism industry impact on Efik's culture,Nigeria[J]. International Journal of Culture Tourism& Hospitality Research,2010,4(4):355-365.

[163] PETA HOPKINS. Geo, audio, video, photo: how digital convergence in mobile devices facilitates participatory culture in libraries,The Australian Library Journal,2015(64): 11-22.

[164] PINE II B J, GILMORE J H. Welcome to the experience economy[J]. Harvard Business Review, 1998, (July-August):97-105

[165] REHAM KAMEL EL KHADRAWY, AMR ABDALLA ATTIA, MARWA KHALIFA; ROWAIDA RASHED. Sustainable Tourism and Culture: A Symbiotic Relationship[J]. International Journal of Environmental Science & Sustainable Development, 2020(1)

[166] RICHARDS G. Cultural tourism: A reviewof recent research and trend [J]. Journal of Hospitality and Tourism Management, 2018(36):12-21.

[167] SARAH SONG SOUTHWORTH, JUNG HA-BROOKSHIRE. The impact of cultural authenticity on brand uniqueness and willingness to try [J]. Asia Pacific Journal of Marketing and Logistics, 2016(4).

[168] VICTOR NWACHUKWU. Library extension services for hospitality industries via ICT: potentials for culture and tourism development in Nigeria[J]. Library and information practitioner, 2010(1):100-109.

[169] VIOLETA TOSIC, SANJA LAZAREVIC. The role of libraries in the development ol cultural tourism with special emphasis to the Bibliotheca Alexandria in Egypt[J]. UTMS Journal of Economics, 2010(2):107-114.